ALFONS SCHUHBECK

LIEBES MENÜS

Bayern 3 BR

EHRENWIRTH

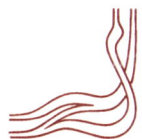

Die Deutsche Bibliothek – CIP-Einheitsaufnahme

Schuhbeck, Alfons:
Liebesmenüs / Alfons Schuhbeck. – München : Ehrenwirth, 1994
ISBN 3-431-03349-0

Frühling: Peter Behrens, Der Kuß (Ausschnitt), 1898, Farbholzschnitt, 27,2 x 21,7 cm.

Sommer: Paul Cézanne, Nachmittag in Neapel. Der Rumpunsch (Ausschnitt), 1875–1877, Öl auf Leinwand, 37 x 45 cm, Australian National Gallery, Canberra.

Herbst: Paul Cézanne, Venus und Amor (Ausschnitt), ca. 1870–1873, Öl auf Leinwand, 21 x 21 cm, Privatsammlung Tokio.

Winter: Gustav Klimt, Der Kuß (Ausschnitt), Öl auf Leinwand, 180 x 180 cm, Österreichische Galerie, Wien.

ISBN 3-431-03349-0

In Zusammenarbeit mit der TR-Verlagsunion, München
Redaktionelle Bearbeitung: Monika Kellermann, Aschheim
Umschlaggestaltung: Atelier Kontraste, München
Gestaltung: Rainald Schwarz, München
Satz: ew print & medien service g.m.b.h., Würzburg
Druck: Landesverlag, Linz
Printed in Austria

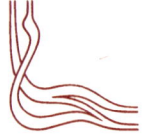

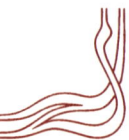

Erotik und Essen stehen seit jeher in engem Zusammenhang. Liebhaber mit knurrendem Magen haben noch selten heiße Liebesnächte absolviert, mit zu schwerer Kost gevöllerte allerdings auch nicht. Und schließlich verführte das Urweib Eva ihren Adam mit einem Apfel und sorgte dadurch für die Vertreibung aus dem Paradies. Wenn der bayerische Kochkünstler Alfons Schuhbeck aus Waging am See kulinarische Verführungstips gibt, enden die Liebesmenüs etwas weniger dramatisch.

Schuhbeck hat in seine Gerichte unbekanntere Aphrodisiaka als den legendären Apfel eingebaut. So propagiert er die amouröse Wirkung von Brunnenkresse, Beifuß und Basilikum, schwört auf die aktivierende Kraft von Estragon und Hasenfleisch. Weitere Stimulatoren sind Artischocken, Spargel und Nüsse. Sogar an Liebende mit schmalem Geldbeutel ist gedacht, die statt teuerem Kaviar auf Krabben und Kapern vertrauen dürfen. Der sternedekorierte Meisterkoch, der seine Liebesmenüs auch im Bayerischen Rundfunk serviert, informiert aber nicht nur über luststeigernde Lebensmittel, sondern hat noch andere Liebeskniffe parat. Verklemmte Liebhaber werden auch durch reichlich Dill viel lockerer. Knoblauch macht miesepetrige Menschen fröhlich und gelassen. Majoran und Lauch ermutigen schüchterne Männer und Frauen. Vorsicht ist lediglich beim Feldsalat geboten, seine Inhaltsstoffe sind in ihrer Wirkung dem Baldrian ähnlich: Wer zuviel ißt, wird gleich müde.

Schuhbecks Menüs sind kreativ, saisonbezogen und auch für Ungeübte leicht nachzukochen. Weil die Freude an Liebesmenüs nachweislich am größten ist, wenn man sie zu zweit genießt, sind alle Rezepte auf zwei Personen abgestimmt. Tips für die Dekoration und die passenden Weine runden die Liebesgänge ab. Viel Spaß bei der Zubereitung und beim Genießen!

Ulrike Reisch

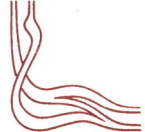

Liebesmenüs für den Frühling

Liebesmenüs für den Sommer

Liebesmenüs für den Herbst

Liebesmenüs für den Winter

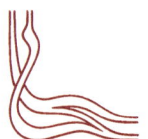

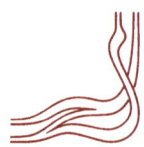

Frühling

Nockerl von geräucherter Forelle auf Feldsalat

Freilandhähnchenbrust im Wurzelsud, neue Kartoffeln und Meerrettich

Quarkauflauf mit Erdbeermark

Man sucht es sich zwar normalerweise nicht aus, aber die beste Zeit, um sich zu verlieben, ist doch der Frühling. Falls Sie zufällig in diesen lauen Wonnemonaten glücklich verliebt sind, hier ein Liebesmenü für zarte Frühlingsgefühle.

Zur Einstimmung ein Cocktail aus 2 EL Himbeermark, einigen feingehackten Zitronenmelisseblättern, und das alles aufgegossen mit einem Prosecco. Schon Hildegard von Bingen schrieb: »Wer Melisseblätter mag, lacht gern, weil die Pflanze das Herz freudig anregt und erfrischt.« Somit wäre für gute Laune schon mal gesorgt.

Jetzt aber aufgepaßt – im Feldsalat stecken nämlich neben dem wichtigen Mineralstoff Eisen auch opiatähnliche Stoffe, die ähnlich wie Baldrian beruhigen. Bei einem hektischen Partner kann eine größere Portion Feldsalat absolut positiv wirken – einem phlegmatischen Typ würde ich lieber nur ein paar Pflänzchen davon als reizende Garnitur auf dem Teller anrichten.

Die eiförmig geformte Forellencreme regt hoffentlich die Sinne ein wenig an und der frisch geriebene Meerrettich vom leichtbekömmlichen Hauptgang sorgt dann sicher für die nötige Schärfe…

Ein Gläschen kräftiger, trockener Weißwein, z. B. ein Riesling aus der Wachau, paßt gut zu diesem Menü und unterstützt sicherlich einem gelungen Liebesabend. Aber aufgepaßt, ein Zuviel des guten Tropfens hat schon so mancher bereut.

Fig. 67. Himbeere.

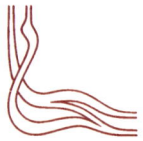

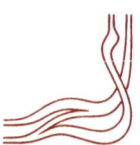

Nockerl von geräucherter Forelle auf Feldsalat

Zutaten:
1 geräuchertes Forellenfilet mit Haut (ca. 150 g)
1/8 l Fischfond, fertig aus dem Glas
1 Blatt weiße Gelatine
1/8 l Sahne
Salz, frisch gemahlener weißer Pfeffer
1 EL Zitronensaft

Für den Salat:
40 – 60 g Feldsalat (je nachdem…)
1 EL Rotweinessig
Salz, frisch gemahlener Pfeffer
2 EL aromatisches Olivenöl
evtl. 2 Cocktail-Tomaten

Zubereitung:

Das Forellenfilet enthäuten, falls nötig, das Fischfleisch entgräten. Die Haut in den Fischfond geben und etwa 15 Minuten bei schwacher Hitze ziehen lassen. Das Gelatineblatt in kaltem Wasser einweichen. Die Haut aus dem Fond fischen und die eingeweichte, gut ausdrückte Gelatine darin auflösen.

Das Fischfleisch im Mixer kurz pürieren, dann durch ein feines Sieb streichen und erneut mit dem Fischfond aufmixen. In eine Schüssel geben und etwas abkühlen lassen. *Das Fischpüree durch ein Sieb zu streichen, ist eine etwas unangenehme Arbeit; die Creme sieht jedoch dadurch besonders fein und glatt aus. Ganz ehrlich gesagt – es schmeckt genauso gut, wenn man darauf verzichtet.*

Die Sahne steif schlagen und unter die Fischcreme ziehen. Mit Salz, Pfeffer und Zitronensaft herzhaft abschmecken. Die Masse in eine höhere Form füllen und zugedeckt im Kühlschrank fest werden lassen. *Der Behälter soll so beschaffen sein, daß die Masse etwa 6 cm hoch eingefüllt ist – so lassen sich Nockerl am leichtesten abstechen.*

Den Feldsalat sehr sorgfältig putzen und gründlich waschen. *Ich finde es schrecklich, wenn es beim Essen knirscht – es soll zwar knistern, aber nur zwischen Ihnen und Ihrem Partner.*
Essig, Salz und Pfeffer verrühren, bis sich das Salz völlig aufgelöst hat, dann unter ständigem Weiterrühren das Öl dazugießen.

Mit zwei nassen Eßlöffeln eiförmige Nockerl abstechen und auf dem Salat anrichten. Wenn Sie Cocktailtomaten im Haus haben, garnieren Sie den Salat zusätzlich mit den geviertelten Mini-Tomaten.

Schuhbecks Tip:

Wir in Waging nehmen statt des Fischfonds einen Sülzstand, den wir stundenlang aus Kalbsfüßen kochen. Diese Mühe lohnt sich für 2 kleine Vorpeisen wirklich nicht – außerdem wollen Sie ja nach dem Zubereiten und Essen des liebevollen Menüs noch richtig fit sein. Deshalb empfehle ich Ihnen Fischfond und weiße Gelatine für die leichte Bindung.

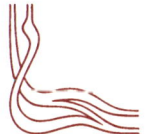

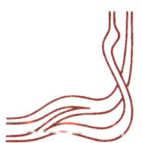

Freilandhähnchenbrust im Wurzelsud, neue Kartoffeln und Meerrettich

Zutaten:
2 Freiland-Hähnchenbrüstchen, je ca. 180 g
Salz, frisch gemahlener Pfeffer
1 große Frühkartoffel
1 kleine Stange Lauch
1 kleines Stück Knollensellerie
1 Möhre
1 Petersilienwurzel
30 g gut gekühlte Butter
1/8 l gute Fleischbrühe oder Geflügelfond aus dem Glas
2 – 3 EL Weißweinessig
1 Prise Zucker
1 Stück frische Meerrettichstange, etwa 2 – 3 cm
1/2 Bund Schnittlauch

Zubereitung:
Die Hähnchenbrüste waschen, trockentupfen und mit Salz und Pfeffer einreiben.

Die Kartoffel schälen und in etwa 2 cm große Würfel schneiden. In wenig Salzwasser in etwa 15 – 20 Minuten gar kochen.

Die Lauchstange der Länge nach halbieren und unter fließendem Wasser gründlich waschen, damit alle Sandkörner herausgespült werden. Sellerie, Möhre und Petersilienwurzel dünn schälen und erst in Scheiben, dann in feine Streifen schneiden.

10 g Butter in einem breiten Topf aufschäumen lassen und das Gemüse darin unter Rühren mit einem Kochlöffel kurz anschwitzen. Mit Salz, Pfeffer und Zucker würzen und mit Essig und Brühe bzw. Fond ablöschen. Kurz aufkochen und anschließend etwa 5 Minuten ziehen lassen. Die gewürzten Brüstchen in die Brühe legen und bei sehr schwacher Hitze in etwa 10 Minuten garziehen lassen. Zwischendurch einmal wenden.

Die Brüste herausnehmen und warmhalten. *Im kleinen Haushalt geht das am besten, indem man das Fleisch mit Alufolie umhüllt.* Das Gemüse mit einem Schaumlöffel herausheben oder den Sud mit dem Gemüse durch ein Sieb gießen. Das Gemüse zugedeckt warmhalten.
Die Kochflüssigkeit noch etwas einkochen lassen, dann die restliche kalte Butter in kleinen Flöckchen mit einem Schneebesen unterschlagen. Dadurch wird die Sauce leicht sämig.

Die gut abgedampften Kartoffelwürfel mit dem Gemüse auf zwei Tellern anrichten und mit je einem Hähnchenbrüstchen belegen. Mit frisch geriebenem Meerrettich und feingeschnittenem Schnittlauch bestreuen. *Vorsicht beim Meerrettichreiben, die beißende Schärfe treibt die Tränen in die Augen – also nicht in letzter Minute raspeln. Schönheit geht in diesem Fall vor Aroma!*

Schuhbecks Tip:
Passen Sie auf, daß die Brühe auf keinen Fall kocht – das zarte Geflügelfleisch verträgt nur sanfte Temperaturen. Bei zu starker Hitze wird das eiweißreiche Fleisch leicht trocken und fest.

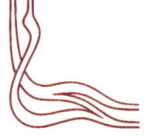

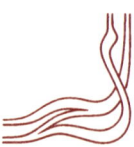

Quarkauflauf mit Erdbeermark

Zutaten:
1 Eiweiß
2 gehäufte EL Zucker
125 g Topfen oder gut abgetropfter Magerquark
1 Eigelb
etwas abgeriebene Schale
einer unbehandelten Zitrone
Butter und Zucker für die Förmchen
250 g Erdbeeren

Zubereitung:
Den Backofen auf 200° C vorheizen. Das Eiweiß in einer sauberen, gekühlten Schüssel zu steifem Schnee schlagen. 1 EL Zucker langsam hinzufügen und so lange weiterschlagen, bis die Masse schnittfest und glänzend ist.

Topfen, Eigelb und Zitronenschale verrühren und den Eischnee unterziehen. Die Erdbeeren entstielen und kurz waschen.

Zwei kleine feuerfeste Souffléförmchen mit Butter ausstreichen und mit etwas Zucker ausstreuen. Die Hälfte der Masse in die Förmchen füllen, jeweils 1 große Erdbeere in die Mitte geben und mit der restlichen Quarkmasse bedecken. Auf der mittleren Schiene des vorgeheizten Backofens in etwa 20 Minuten goldgelb backen. *Je nach Jahreszeit können Sie auch einige Kirschen, eine Aprikosenhälfte oder auch eine Mangospalte in den Auflauf geben.*

Während der Auflauf bäckt, die Erdbeeren mit dem restlichen Zucker im Mixer pürieren und das Mus durch ein Sieb streichen.

Den Auflauf mit Puderzucker bestäuben und das Erdbeermark dazu reichen. *Wenn's ganz besonders liebevoll aussehen soll, dann schneiden Sie aus Papier kleine Herzen aus, legen diese auf die gebackenen Aufläufe und stäuben dann erst Puderzucker darüber.*

Schuhbecks Tip:
Am schönsten wird der Eischnee, wenn man die Eiweiß per Hand mit einem Ballonbesen aufschlägt. Wer ein Handrührgerät benützt – auf keinen Fall auf höchste Stufe schalten, da bei zu raschem Schlagen zu wenig Luft in den Schnee gelangt.

Fig. 339. Törtchenformen.

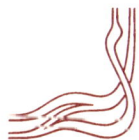

Gebratene Zanderfilets auf bunten Salatblättern

Geschmorte Kaninchenkeulen in Estragonrahm

Krokant-Halbgefrorenes mit Fruchtsauce

Seit ewigen Zeiten erproben die Menschen unterschiedliche Mittel, um Lust zu erwecken und die Freude an der Liebe zu verstärken. Schon Eva verführte Adam, sinnlicherweise mit einem Apfel, und wie wir alle wissen – es hat wunderbar geklappt!

Weshalb sollte es also mit einem reizvoll zusammengestellten Liebesmenü nicht funktionieren? Zur Einstimmung vorweg – ein todsicheres Aphrodisiakum – ein Glas Wermut, z. B. einen Martini dry mit einer Olive. Der leichte Fischgang, ein Gaumenkitzel, darauf abgestimmt, die Lust auf weitere Genüsse jeder Art zu steigern.

Der leicht exotische Duft des Estragon erregt die Sinne und die in ihm enthaltenen Vitamine und Mineralstoffe aktivieren die Vitalität. Estragon wirkt appetitanregend und magenstärkend, vor allem aber ist es ein wahres Wundermittel für leicht depressive Liebhaber. Allerdings auch eine empfehlenswerte Zutat, wenn die Stimmung gerade mal im Keller ist. Ein Glas Chardonnay paßt gut zum Kaninchen und trägt sicherlich auch zu einer besseren Laune bei.

Estragon.

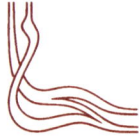

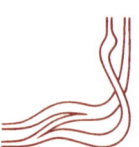

Gebratene Zanderfilets auf bunten Salatblättern

Zutaten:
2 Zanderfilets, je 100 g, ersatzweise Hechtfilets
Salz, frisch gemahlener weißer Pfeffer
etwas Zitronensaft
ca. 1 EL Mehl
1 EL Öl
20 g Butter

Für den Salat:
ca. 60 g gemischte Salatblätter,
z. B. Frisée, Kopfsalat, Lollo rosso oder Eichblattsalat
– in guten Feinkostgeschäften kann man
fertig gemischte Blattsalate unter der französischen
Bezeichnung »Mesclun« kaufen.
1 – 2 EL Rotweinessig
2 EL Kalbsfond
Salz, frisch gemahlener Pfeffer
2 EL Öl, z. B. Traubenkernöl
1 Schalotte
einige Kerbelzweige

Zubereitung:
Die Fischfilets waschen und trockentupfen, salzen und pfeffern und mit Zitronensaft beträufeln. In Mehl wenden, dabei überschüssiges Mehl wieder abklopfen. Das Öl in einer Pfanne erhitzen und die Fischfilets von beiden Seiten kurz anbraten. Butter dazugeben und unter Wenden in wenigen Minuten fertiggaren.

Salat putzen, kurz waschen und gut abtropfen lassen.

Rotweinessig, Kalbsfond, Salz und Pfeffer so lange rühren, bis sich das Salz gelöst hat, dann unter weiterem Rühren mit einem Schneebesen das Öl dazugießen. Die Schalotte schälen, in kleine Würfel schneiden und mit den Salatblättern vermischen. Die Kerbelblättchen von den Stielen zupfen.

Den Salat mit der Vinaigrette anmachen, auf zwei Teller verteilen und mit den gebratenen Fischfilets belegen. Mit Kerbelblättchen bestreuen.

Schuhbecks Tip:
Falls Sie keinen Kerbel in ihrem Kräutergarten haben oder im Gemüsegeschäft keinen bekommen – nehmen Sie statt dessen etwas Dill oder Basilikum. Allerdings sollten Sie wissen, daß der römische Schriftsteller Plinius felsenfest behauptete: Kerbel hilft dem durch Beischlaf geschwächten Körper wieder auf die Beine und selbst bei schlaffen Greisen regt sich nach reichlichem Kerbelgenuß wieder was. Übrigens, Kerbel wächst fast überall, notfalls im Blumentopf auf der Fensterbank – ich meine nur – für alle Fälle…

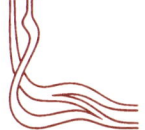

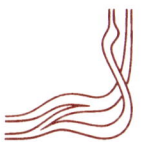

Geschmorte Kaninchenkeulen in Estragonrahm

Zutaten:
1 kleine Möhre
ein etwa 5 cm langes Stück von einer Lauchstange
1 kleine Knoblauchzehe
1 Schalotte
2 Estragonzweige
2 Kaninchenkeulen, je ca. 200 g
Salz, frisch gemahlener Pfeffer
2 EL Öl
1 EL Estragonessig
knapp 1/8 l Kalbsfond aus dem Glas
4 EL Sahne

Zubereitung:
Möhre schälen, Lauch halbieren, Knoblauch und Schalotte schälen und alles in winzig kleine Würfel schneiden. Die Estragonblätter von den Stielen zupfen, Stiele jedoch nicht wegwerfen.

Den Backofen auf 150° C vorheizen. Die Kaninchenkeulen waschen, trockentupfen und mit Salz und Pfeffer einreiben. Das Öl in einer Kasserolle mit feuerfesten Griffen erhitzen und die Keulen darin von allen Seiten scharf anbraten. Die Hitze zurückschalten und das vorbereitete Gemüse kurz mit anschwitzen. Mit Essig ablöschen, Kalbsfond und Sahne dazugießen, Kasserolle schließen und alles im heißen Backofen ca. 1 Stunde schmoren. 10 Minuten vor Ende der Garzeit die Estragonstiele in den Schmorfond geben. Die Keulen herausnehmen und mit Alufolie umhüllt warmhalten, die Estragonstengel wieder herausfischen.

Die Schmorflüssigkeit auf der Kochplatte noch einmal kurz durchkochen lassen. Die abgezupften Estragonblätter untermischen und die Sauce, falls nötig, mit Salz und Pfeffer noch einmal nachwürzen. Die Keulen auf vorgewärmten Tellern anrichten, mit Sauce begießen und mit bißfest gekochten Nudeln servieren.

Schuhbecks Tip:
Der stark aromatische Estragon verträgt sich nicht sehr gut mit anderen Gewürzen und Kräutern – deshalb nur solo verwenden.

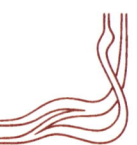

Krokant-Halbgefrorenes mit Fruchtsauce

(Für 4 – 6 Portionen)

Zutaten:

70 g Zucker
3 EL Orangenlikör
3 Eigelb
70 g Krokant, evtl. fertig gekauft
1/4 l Sahne
4 EL Mandellikör
100 g Himbeeren
etwas Puderzucker

Zubereitung:

1 EL Wasser und 1 EL Zucker aufkochen und mit Orangenlikör mischen. Die Eigelb mit restlichem Zucker in einer Schlagschüssel, am besten aus Metall, schaumig rühren.

Für das Wasserbad einen breiten Topf handbreit mit Wasser füllen und erhitzen. Die Schüssel mit der Eicreme so in das Wasserbad stellen, daß der Boden die Wasseroberfläche nicht berührt. Die heiße Zucker-Likör-Mischung unter Schlagen hinzufügen und so lange weiterschlagen, bis die Creme dicklich geworden ist. Das Wasserbad darf dabei auf keinen Fall kochen. *Küchenprofis, aber auch erfahrene Hobbyköche schlagen die Creme bei schwacher Hitze in einer Kasserolle ohne Wasserbad auf.*

Die Creme kaltrühren, das geht am schnellsten über einer Schüssel mit eiskaltem Wasser. 60 g grob gemahlenen Krokant, Mandellikör und nach und nach vorsichtig die steifgeschlagene Sahne unterheben. Die Masse in eine kleine Guglhupf- oder Puddingform füllen und etwa 4 – 6 Stunden im Tiefkühlgerät gefrieren lassen.

Die Himbeeren entkelchen und die Hälfte davon mit etwas Puderzucker kurz pürieren. Durch ein Sieb passieren und die Sauce als Spiegel auf zwei Teller verteilen. Pro Person 2 Scheiben von dem Eisparfait abschneiden und darauf anrichten. Mit den restlichen Himbeeren und etwas Krokant garnieren.

Schuhbecks Tip:

Das Halbgefrorene darf nicht steinhart gefroren sein, sonst kann sich das Aroma nicht entfalten. Deshalb immer mindestens eine Viertelstunde vor dem Servieren aus dem Tiefkühler nehmen.

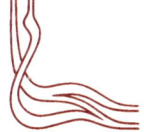

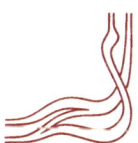

Gemüsesalat mit Matjes

Gefüllte Kalbsleberschnitzel mit Zwiebelragout, Bohnen und Kartoffeln

Gebackene Holunderblüten mit Orangensahne

Wer nach dieser Vorspeise nicht in die gewünschte Stimmung kommt, dem ist wirklich nicht mehr zu helfen. Kurz gebratenes mineral- und vitaminstoffhaltiges Gemüse als fitmachende Grundlage, bestreut mit Kürbiskernen, den biologischen Wundersamen für Männer, und als Garnitur die optisch anregenden Artischockenblätter. Darauf kringelt sich dann verführerisch ein jungfräulicher Matjes, der nur darauf wartet, genußvoll verschlungen zu werden.

Die jungen Heringe sind nicht nur sehr eiweißhaltig, in ihnen steckt auch die begehrte Omega-3-Fettsäure – ein bewährtes Mittel gegen schwache Herzen. Was soll also da noch schiefgehen?

Hinzu kommen dann beim Hauptgang reichlich Zwiebeln, deren gesundheitliche Wirkung selbst moderne Wissenschafler nicht bestreiten. Halten Sie sich allerdings bei den neuen Kartoffeln ein wenig zurück – die jungen Knollen sind nämlich sehr kaliumhaltig, was zur Folge hat, daß Sie eventuell öfter das stille Örtchen aufsuchen müssen, als Ihnen lieb ist, und das kann an so einem reizvollen Abend ganz schön nerven.

Sparen Sie beim Dessert auf keinen Fall mit Zimt – denn schon die alten Ägypter und Ägypterinnen schwörten auf Pastillen aus Honig und Zimt, da dieser Duftstoff eine stark erotisierende Wirkung hat und über die Nervenbahnen die Sexualdrüsen anregen soll. Nun kann ich nicht mehr für Sie tun, es liegt tatsächlich nur noch an Ihnen…

Fig. 415. Kürbis.

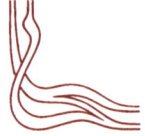

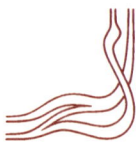

Gemüsesalat mit Matjes

Zutaten:
je 1 kleine grüne und gelbe Zucchini
4 Stangen grüner Spargel
4 Stengel Staudensellerie
1 kleine Fenchelknolle
1 Möhre
3 EL Öl, evtl. Distelöl
Salz, frisch gemahlener Pfeffer
1 EL Balsamessig
2 küchenfertige Matjesfilets, ohne Haut
2 EL Kürbiskerne
1 eingelegte Artischocke aus dem Glas
1/2 TL abgezupfte Bohnenkrautblätter

Zubereitung:
Zucchini, Staudensellerie, Fenchel, geschälte Möhre und Spargelstangen waschen und in etwa 1 1/2 cm große Würfel schneiden.
Gelbe Zucchini sind noch nicht überall auf dem Markt zu finden, geschmacklich ändert sich jedoch nichts, wenn Sie statt dessen nur grüne Zucchini verwenden.

2 EL Öl in einer tiefen Pfanne erhitzen und das Gemüse darin unter Rühren in etwa 10 Minuten bei mittlerer Hitze bißfest braten. Mit Salz, Pfeffer und Essig würzig abschmecken. 15 Minuten durchziehen lassen.

Die Matjesfilets mit Pfeffer würzen. Das restliche Öl in einer Pfanne erhitzen und die Fischfilets kurz von beiden Seiten anbraten.

In einer zweiten Pfanne die Kürbiskerne ohne Fett goldbraun rösten.

Das Gemüse auf zwei Tellern anrichten, mit dem gebratenen Matjes belegen und mit den abgezupften Artischockenblättern umkränzen. Bestreut mit Kürbiskernen und Bohnenkrautblättern servieren.

Schuhbecks Tip:
Wie alles heutzutage kann man auch Matjesfilets, dank hochtechnisiertem Tiefkühlverfahren, das ganze Jahr über kaufen, dennoch – Frühlingszeit ist Matjeszeit. Von Anfang Mai bis Juli schmecken die jungfräulichen zarten Matjes am besten.

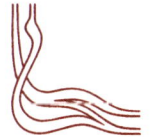

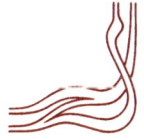

Gefüllte Kalbsleberschnitzel mit Zwiebelragout, Bohnen und Kartoffeln

Zutaten:

2 etwas dickere Kalbsleberscheiben
2 große weiße Zwiebeln
3 EL Öl
1 Thymianzweig
Salz, frisch gemahlener Pfeffer
30 g Butter
1 TL gehackte Petersilie
etwas Mehl
1/8 l Kalbsfond aus dem Glas
2 – 3 EL guter Rotwein

Für das Bohnengemüse:

250 g junge grüne Bohnen
1 EL Öl
1 kleine Zwiebel
3 – 4 EL Kalbsfond aus dem Glas
1 Zweig Bohnenkraut

Außerdem:

250 g neue Kartoffeln

Zubereitung:

In die Kalbsleberscheiben am besten gleich vom Metzger eine Tasche einschneiden lassen. Die Zwiebeln schälen, halbieren und in kleine Würfel schneiden. 1 EL Öl in einer Pfanne erhitzen und die Zwiebelwürfel darin glasig dünsten. Mit Salz, Pfeffer und den abgezupften Thymianblättern würzen, 10 g Butter dazugeben und im eigenen Saft gar dünsten. Erkalten lassen und zum Schluß die Petersilie untermischen.

Die gründlich gewaschenen Kartoffeln mit der Schale gar kochen. Von den Bohnen die Enden abknipsen und die Bohnen kurz waschen. Die geschälte Zwiebel in Würfel schneiden und in dem erhitzten Öl glasig dünsten. Bohnen und Bohnenkraut dazugeben, salzen und mit Kalbsfond aufgießen. Zugedeckt in etwa 10 Minuten bißfest garen. Den Backofen auf 180° C vorheizen.

Die Kalbsleberscheiben mit Salz und Pfeffer würzen, mit dem Zwiebelragout füllen und die Taschen gut zusammendrücken. Eventuell mit einem Zahnstocher zustecken und in Mehl wenden. Das restliche Öl in einer Pfanne erhitzen und die Kalbsleber von jeder Seite 2 Minuten braten. Anschließend auf eine feuerfeste Platte legen und im heißen Backofen in etwa 6 – 8 Minuten fertig garen.

Den Bratensatz mit Kalbsfond und Rotwein ablöschen und in einigen Minuten leicht sämig kochen lassen. Durch ein Sieb streichen und die restliche Butter in kleinen Flöckchen mit einem kleinen Schneebesen unterschlagen.

Die Kalbsleberscheiben mit der Sauce begießen und mit dem Bohnengemüse und den geschälten Pellkartoffeln servieren.

Schuhbecks Tip:

Wer Butter sparen möchte, dünstet in dem Bratfett der Leber etwa 1 EL Ziebelwürfel an. Dann mit Fond und Wein aufgießen und die Zwiebeln in wenigen Minuten weichdünsten. Den Bratensatz anschließend mit Hilfe eines Pürierstabes fein zermusen und die Sauce durch ein Sieb steichen. So bekommt man eine herrlich sämige Sauce ohne weiteren Zusatz von Fett oder Mehl.

Gebackene Holunderblüten mit Orangensahne

Zutaten:
2 große oder 4 kleine Holunderblüten
60 g Mehl
1 Prise Salz
1 Prise Zucker
1 kleines Ei
5 – 6 EL Milch
1 EL Zucker
1 Prise gemahlener Zimt

Für die Orangensahne:
100 ml Sahne
1 TL Zucker
1 EL Orangenlikör
etwas abgeriebene Schale
einer unbehandelten Orange

Zubereitung:

Die Holunderblüten in eine Schüssel mit kaltem Wasser legen. Einige Male hin und her schwenken, damit alle Schmutzteilchen herausgespült werden. Anschließend auf einem Tuch gut abtrocknen lassen.

Mehl, Salz, Zucker, Ei und Milch zu einem glatten Teig verquirlen und etwa 30 Minuten quellen lassen.

In einer tiefen Pfanne oder in einer Friteuse Öl auf 180° C erhitzen. Die Blüten in den Teig tauchen und im heißen Fett goldgelb ausbacken. Auf einem Küchenpapier abfetten lassen und mit einer Mischung aus Zucker und Zimt bestreuen.

Für die Orangensahne die Sahne halbsteif schlagen. Zucker, Orangenlikör und Orangenschale hinzufügen und die Sahne zu den Holunderküchlein reichen.

Schuhbecks Tip:

Sammeln Sie die Blüten der Holundersträuche nicht unmittelbar an einer befahreren Straße – Blei und all die anderen Schadstoffe fördern keinesfalls die Liebeskraft. Die Blüten vorher immer gründlich in kaltem Wasser schwenken.

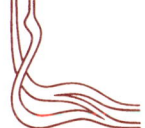

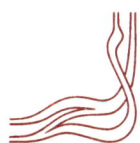

Hausgebeizte Renke mit Apfel-Gurken-Salat

Gebratenes Lendensteak mit Feigen-Meerrettich-Sauce und Reiberdatschi*

Rhabarbergrütze mit Erdbeeren

Ein Liebesmenü, bei dem es sich anbietet, den Partner mit in die Küche zu locken, denn – ob Sie es glauben oder nicht – die Küche hat etwas sehr Sinnliches. Außerdem: ein guter Test, wie flexibel Traummann bzw. -frau ist.
Vorspeise, Dessert und selbst die Feigensauce läßt sich gut schon am Tag vorher zubereiten, die Zutaten für den Hauptgang stellen Sie in der Küche parat.
Damit alles weitere reibungslos abläuft – erst mal die fischige Vorspeise genießen. Jod verhindert nämlich nicht nur die Kropfbildung, es steigert auch die Leistungsfähigkeit. Die feinabgestimmte Gewürzmischung schmeichelt dem Gaumen und erregt auf sanfte Weise. Ein leichter Weißwein, z. B. ein Muscadet sur lie, paßt gut zu diesem kulinarischen Auftakt. Es schadet nicht, wenn Sie ein Gläschen davon mit zum »Tatort Küche« nehmen. Beginnen Sie das Bratritual mit dem gegenseitigen liebevollen Umbinden der Schürze. Nun kann's losgehen: Die vorbereitete Kartoffelmasse zu kleinen Plätzchen formen und goldbraun braten. Die Steaks nach Belieben durch oder noch blutig braten und gemeinsam noch einmal die pikante Sauce abschmecken. Da liegt Erotik in der Luft – entwickelte sich doch die Kunst des Küssens wahrscheinlich beim Füttern von Mund zu Mund.
Ich habe vorsorglich ein Dessert ausgewählt, das gut einige Stunden ohne Geschmackseinbuße im Kühlschrank warten kann…

Fig. 471 Salatgurke.

* Für die Liebenden nördlich der Mainlinie sei mir der Hinweis erlaubt, daß sich hinter »Reiberdatschi« jene Köstlichkeit verbirgt, die im Norden mit dem wenig romantischen Begriff »Kartoffelpuffer« bezeichnet wird.

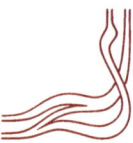

Hausgebeizte Renke mit Apfel-Gurken-Salat

Zutaten:
1 kleine küchenfertige Renke von etwa 300 g
2 weiße Pfefferkörner
1 Korianderkorn
1 Wacholderbeere
1 TL Zucker
1/2 TL Salz
1 TL grob gehackter Dill
1 TL grob gehackte Petersilie

Für den Salat:
1 kleiner säuerlicher Apfel
ein 8 cm langes Stück von einer Salatgurke
1 EL Sauerrahm
Salz, frisch gemahlener Pfeffer
ca. 1 EL Zitronensaft
etwas unbehandelte Zitronenschale
2 Dillzweige

Zubereitung:
Die Renke am besten gleich vom Fischhändler sorgfältig filetieren lassen. Die Gräten so gut es geht herausziehen, am besten geht das mit einer Pinzette. Für die Beize die Gewürze in einen Mörser geben und fein zerstoßen, dann mit Zucker und Salz vermischen. *Wer keinen Mörser hat, zerdrückt die Körner mit der Breitseite eines großen Fleischmessers.*

Die Renken mit der vorbereiteten Gewürzmischung einreiben, mit der Hälfte des Dills und der Petersilie bestreuen und mit Sichtfolie umhüllt auf eine Platte legen. Mit einem Brett und einem Gewicht beschweren und etwa 10 – 12 Stunden im Kühlschrank marinieren. *Als Gewicht eignen sich Konservendosen ausgezeichnet.*

Für den Salat Apfel und Gurke schälen. Den Apfel halbieren und das Kerngehäuse entfernen, die Gurke der Länge nach durchschneiden und die Kerne mit einem Löffel herausschaben. Beides in kleine Würfel schneiden. Sauerrahm mit Zitronensaft, Salz und Pfeffer verrühren und mit den Salatzutaten vermischen. Mit feinen Streifen einer unbehandelten Zitrone bestreuen.

Gewürze und Kräuter vom Fischfilet ein wenig abschaben und das Fischfleisch in dünne, schräge Scheiben schneiden. Mit dem Salat auf zwei Tellern anrichten und mit je einem zarten Dillzweig garnieren.

Schuhbecks Tip:
Sie können anstelle der Renke auch eine Forelle oder einen Saibling beizen.

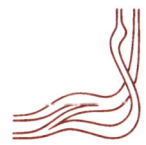

Gebratenes Lendensteak mit Feigen-Meerrettich-Sauce und Reiberdatschi

Zutaten:
2 gut abgehangene Lendensteaks (Entrecôte)
Salz, frisch gemahlener Pfeffer
2 EL Öl
1 Rosmarinzweig

Für die Sauce:
2 vollreife grüne Feigen
1 Prise Zucker
1 TL Honig
30 – 40 g frisch geraspelter Meerrettich
4 – 6 EL Gemüsefond aus dem Glas
Salz, frisch gemahlener Pfeffer

Für die Reiberdatschi:
250 g festkochende Kartoffeln
1 Ei
Salz, frisch gemahlener Pfeffer
Öl zum Braten

Zubereitung:
Die Steaks mit Salz und Pfeffer würzen und mit der Hälfte des Öls bepinseln. Mit einen Rosmarinzweig dazwischen übereinander legen.

Für die Sauce die Feigen mit einem spitzen Messer häuten und das Fruchtfleisch in Stücke schneiden. Mit Zucker, Honig und 1 EL Wasser zu Mus verkochen. Den grob geriebenen Meerrettich mit dem Gemüsefond kurz aufkochen lassen, das Feigenpüree mit einem Schneebesen unterschlagen und mit Salz und Pfeffer würzig abschmecken. Abkühlen lassen. *Gemüsefond gibt es fertig im Glas zu kaufen; falls Sie aber lediglich Fleischbrühe im Hause haben, geht es genausogut.*

Für die Reiberdatschi die Kartoffeln schälen und auf einer Rohkostreibe fein raspeln. In ein sauberes Mulltuch oder Geschirrtuch geben und ausdrücken. Die Kartoffelraspeln mit Ei verrühren und mit Salz und Pfeffer würzen. Wenig Öl in einer beschichteten Pfanne erhitzen und mit einem Eßlöffel kleine Häufchen in das Fett setzen. Mit dem Löffelrücken rund auseinanderdrücken und von beiden Seiten goldbraun und knusprig braten.

Eine Pfanne aus Eisen oder Guß auf höchster Stufe erhitzen und die geölten Steaks darin auf jeder Seite 2 Minuten scharf anbraten. Bei reduzierter Hitze noch etwa 2 – 3 Minuten weiterbraten. Herausnehmen und in Alufolie verpackt einige Minuten ruhen lassen.
Die Steaks mit dem entstandenen Fleischsaft begießen und mit der abgekühlten Feigen-Meerrettich-Sauce und den Reiberdatschi auf zwei Tellern anrichten.

Schuhbecks Tip:
Mühesvolles Kauen an zähem Fleisch fördert nicht gerade die Liebeslust. Deshalb, Finger weg von leuchtend rotem Rindfleisch! Entscheiden Sie sich für eine gut abgehangene Lende, erkennbar an der matten, braunroten Farbe.

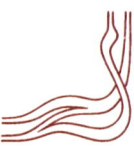

Rhabarbergrütze mit Erdbeeren

Zutaten:
500 g Rhabarber
100 g Zucker
2 Blatt weiße Gelatine
1 Eiweiß
1/8 l Sahne
100 g Erdbeeren
etwas Puderzucker
2 Minzezweige

Zubereitung:
Rhabarberstangen waschen, nur falls nötig schälen. Die Stangen in kleine Stücke schneiden, in einen Topf geben und mit 80 g Zucker bestreuen. Etwa 1 – 2 Stunden Saft ziehen lassen. Anschließend bei mittlerer Hitze so lange köcheln lassen, bis die Rhabarberstücke so weich sind, daß sie zerfallen.

Die Gelatineblätter in kaltem Wasser einweichen, gut ausdrücken und unter das heiße Kompott mischen. Kalt stellen, bis die Masse zu gelieren beginnt. Die Erdbeeren putzen, je nach Größe vierteln oder halbieren und mit Puderzucker bestäuben. 2 schöne Beeren mit dem Grün zum Verzieren aufbewahren.

Das Eiweiß sehr steif schlagen, dabei langsam den restlichen Zucker einrieseln lassen. Die Sahne ebenfalls steif schlagen und beides vorsichtig unter das noch nicht erstarrte Rhabarbermus ziehen. Die vorbereiteten Erdbeeren untermischen. In hübsche Gläser füllen und mit Erdbeeren und Minze verzieren.

Schuhbecks Tip

Rhabarber niemals in Alu-Töpfen kochen, die enthaltene Säure greift das Metall an.

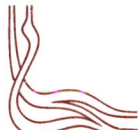

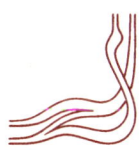

Blattsalat mit Pilztatar

Kalbsbackerl mit Kräuterkruste, Zuckerschoten und Schupfnudeln

Mandelcreme mit Himbeeren

Die Kenntnis der amourösen Wirkung von Kräutern ist so alt wie das Wissen um ihre medizinische Heilkraft. Im Frühling – vor der Blüte – ist das Aroma der würzenden Gräser am intensivsten, deshalb stehen sie im Mittelpunkt dieses Frühlings-Menüs.
Frische Kräuter bringen Sonne in die Küche, bereichern die Speisen mit Vitaminen und Mineralstoffen, und – die feinen Düfte betören. In alten Büchern habe ich nachgelesen, daß Rosmarin die Liebe zum Blühen bringt; also bloß nicht sparen mit den süßlich-bitteren Nadeln beim Hauptgang. Mit Genuß Lust zu wecken – gibt es etwas Schöneres?
Sollten die Kräuter – was kaum vorstellbar ist – dennoch nicht die erhoffte Wirkung bringen, dann hilft nur noch der Nachtisch.
Mandeln sind die Frauenfrüchte – was nicht heißen soll, daß sie Männern nicht guttun. Die nährstoffreichen Knusperkerne enthalten bis zu 20% Eiweiß, reichlich leichtbekömmliches Fett und neben wichtigen Mineralstoffen auch die Liebeskraft anregende Enzyme.
In manchen italienischen Regionen wird heute noch der alte Brauch gepflegt, Brautleuten und Hochzeitsgästen einige mit weißem Zuckerguß überzogene Mandeln, umhüllt mit einem Stückchen vom »Brautschleier« zu reichen. Symbolische Bedeutung dieser eiförmige Nascherei – Fruchtbarkeit.
In hartnäckigen Fällen gießen Sie zusätzlich noch ein bißchen Mandellikör über das Dessert; schaden tut's auf keinen Fall.

Rosmarin.

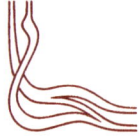

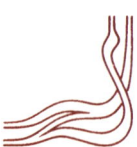

Blattsalat mit Pilztatar

Zutaten:
200 g Champignons
200 g Egerlinge
1 Schalotte
3 EL Öl
10 g Butter
Salz, frisch gemahlener Pfeffer
1 EL frisch gehackte Petersilie
1/4 Friséesalat
1 kleiner Kopf Radicchio
1 Bund Rucola (Rauke)
1 EL Himbeeressig
1 TL Nußöl

Zubereitung:
Champignons und Egerlinge putzen, die Schalotte schälen und alles in winzige Würfel schneiden. 1 EL Öl und die Butter in einer Pfanne erhitzen und die Schalottenwürfel darin glasig dünsten. Die Pilze dazugeben, salzen und pfeffern und unter gelegentlichem Rühren 5 Minuten garen. *Die Pfanne dabei nicht zudecken, da die Flüssigkeit, die sich während des Garens bildet, verdampfen muß.* Zum Schluß die gehackte Petersilie untermischen.

Inzwischen den Friséesalat, Radicchio und Rucola (Rauke) putzen, kurz waschen und in mundgerechte Stücke zupfen. Gut abtropfen lassen. Aus Salz, Pfeffer, Himbeeressig, dem restlichen Öl sowie dem Nußöl eine Vinaigrette rühren.

Den Salat mit der Salatsauce anmachen und auf zwei Teller verteilen. Das Pilztatar in zwei Espressotassen drücken und gestürzt auf den Salat setzen. Cocktailtomaten vierteln und auf den Salat geben.

Schuhbecks Tip:
Bereiten Sie das Pilztatar im Herbst einmal mit Pfifferlingen und Steinpilzen zu.

Fig. 236. Champignon.

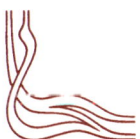

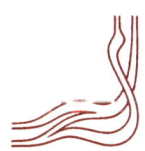

Kalbsbackerl mit Kräuterkruste, Zuckerschoten und Schupfnudeln

Zutaten:

4 Kalbsbackerl,
die man unbedingt beim
Metzger vorbestellen muß
(ersatzweise lassen Sie sich von einer
Kalbshaxe das Fleisch auslösen)
Salz, frisch gemahlener Pfeffer
1 kleine Möhre
1 Zwiebel
2 EL Öl
2 Korianderkörner
1 Zweig Thymian
400 ml Kalbsfond aus dem Glas

Für die Kruste:
50 g Butter
1 kleine Knoblauchzehe
1 TL frisch geriebener Parmesan
1 TL gehackte Rosmarinnadeln
1 TL gehackte Thymianblätter
1 TL gehackte Petersilie
2 – 3 geh. EL Semmelbrösel
Salz, frisch gemahlener Pfeffer
Für die Schupfnudeln:
250 g gekochte Kartoffeln
1 Eigelb, ca. 50 g Mehl
Salz, Butter zum Braten

Für die Zuckerschoten:
250 g junge zarte Zuckerschoten
10 g Butter
1 Prise Zucker, Salz
1 EL gehackte Petersilie

Zubereitung:

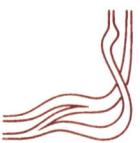

Den Backofen auf 180° C vorheizen. Das Öl in einem Schmortopf erhitzen und die mit Salz und Pfeffer gewürzten Kalbsbackerl (oder Haxenfleisch) darin rundherum anbraten. Möhre putzen, Zwiebel schälen und beides in kleine Stücke geschnitten mit anbraten. Koriander und Thymian dazugeben und mit der Hälfte des Kalbsfonds aufgießen. Im heißen Backofen etwa 45 Minuten braten, dabei gelegentlich mit dem restlichen Fond begießen. Anschließend die Temperatur auf 150° C herunterschalten, den Topf zudecken und das Fleisch in etwa einer Stunde weich schmoren.

Für die Kräuterkruste die weiche Butter cremig rühren und mit der fein zerdrückten Knoblauchzehe und den Kräutern vermischen. So viel Semmelbrösel hinzufügen, bis eine streichfähige Masse entsteht. Mit Salz und Pfeffer würzen und zum Durchziehen mindestens 30 Minuten stehen lassen.

Die gekochten, abgekühlten Kartoffeln schälen und fein reiben. Mit Eigelb und Mehl vermischen, salzen und zu einem formbaren Teig verkneten. Aus dem Teig zwei etwa 1 cm dicke Rollen formen, jeweils 3 cm lange Stücke abschneiden und mit bemehlten Händen die Enden spitz formen. Die Butter in einer Pfanne erhitzen und die Schupfnudeln darin rundherum goldbraun braten.

Von den Zuckerschoten die Enden abknipsen und falls nötig die Fäden dabei abziehen. Reichlich Wasser zum Kochen bringen und die Zuckerschoten hineingeben. Einmal aufkochen lassen, das Gemüse auf einem Durchschlag abtropfen lassen und sofort in eiskaltem Wasser abschrecken. Vor dem Servieren die Zuckerschoten kurz in heißer Butter schwenken, mit Zucker und Salz abschmecken und mit gehackter Petersilie bestreuen.

Die Kalbsbackerl, bzw. das Haxenfleisch aus dem Schmortopf nehmen, auf eine feuerfeste Platte setzen und mit der Kräuterpaste bestreichen.

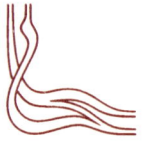

Den Backofen auf 250° C schalten. *Am besten ist es natürlich, wenn Sie Ihren Backofen auf Oberhitze einstellen oder einen Grill zuschalten können.* Das Fleisch mit der Kräuterkruste in wenigen Minuten goldbraun und knusprig überbacken.

Währenddessen den Bratfond und das Gemüse mit einem Pürierstab pürieren. Durch ein Sieb streichen und falls nötig noch einmal mit Salz und Pfeffer würzen. Das Fleisch mit den Schupfnudeln und dem Gemüse auf zwei Tellern anrichten und die Sauce getrennt dazu reichen.

Schuhbecks Tip:

Ob man die gebratenen Kartoffelwürstchen Schupfnudeln, Bubenspitzle, Bauchstecherla oder Fingernudeln nennt, ist regional unterschiedlich. Egal, wie sie heißen – richtig gut werden sie nur, wenn man eine mehligkochende Kartoffelsorte dafür nimmt. Keinesfalls Frühkartoffeln dafür verwenden, denen fehlt der notwendige Stärkeanteil.

Mandelcreme mit Himbeeren

Zutaten:

20 g gehackte Mandeln
1 EL Zucker
1 Blatt Gelatine
1 Eigelb
1 TL Puderzucker
2 EL Mandellikör

1 Eiweiß
100 ml Sahne
250 g Himbeeren
etwas Zucker
einige Tropfen Zitronensaft

Zubereitung:

Mandeln und Zucker in einer Eisenpfanne goldbraun rösten. Auf ein Brett geben, ein wenig abkühlen lassen, mit einem Nudelholz oder der Breitseite eines großen Messers zerkleinern. *Auf diese Weise ist es im kleinen Haushalt am einfachsten, Krokant herzustellen.* Gelatine in kaltem Wasser einweichen.

Eigelb und Puderzucker in eine Schüssel geben und auf einem siedenden Wasserbad schaumig schlagen. Die Masse unter Rühren abkühlen lassen. Den Mandellikör erwärmen, die gut ausgedrückte Gelatine darin auflösen und mit dem Krokant unter die Eimasse mischen. 1 EL Krokant aufbewahren. Die Creme kalt stellen, bis sie zu gelieren beginnt. Eiweiß und Sahne getrennt steif schlagen und locker unter die Creme ziehen. Die Mandelcreme in eine kleine tiefe Schüssel füllen und kalt stellen.

Himbeeren putzen, mit Zucker und Zitronensaft marinieren. Die Himbeeren auf zwei Dessertteller verteilen. Mit 2 EL Nockerl abstechen und darauf anrichten. Mit dem restlichen Krokant bestreuen.

Schuhbecks Tip:

Das Dessert sieht auch hübsch aus, wenn man die Creme abwechselnd mit den Himbeeren in ein hohes Glas schichtet.

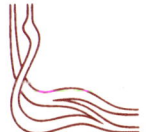

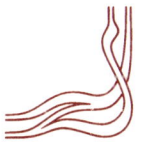

Gefüllte Kräuterrolle auf Salatblättern

Gebratene Hasenrückenfilets mit Rotweinrhabarber und Haselnußnudeln

Holunderblütensorbet mit Champagner

Hasen hatten in der Geschichte immer eine enge Beziehung zu Frauen. Auf antiken Gefäßen wurde das Langohr häufig als Spielgefährte der Aphrodite dargestellt. Die angelsächsische Göttin der Fruchtbarkeit liebte Hasen über alles und machte sie zum Frühlingssymbol. So wurde aus Meister Lampe der weltweit bekannte Osterhase. Curnonsky, ein berühmter Gourmet aus Paris, schrieb schon um die Jahrhundertwende: »Der Hase ist der Fürst unter den Aphrodisiaka, sofern man mit ihm umzugehen weiß.« Mit meiner Rezeptkreation kann eigentlich nichts schief gehen, es ist unkompliziert und rasch zubereitet – so können Sie sich in aller Ruhe auf das Liebesmahl konzentrieren.
Aufgepaßt: lassen Sie die Flasche mit dem alten, schweren Rotwein lieber im Keller – ein fruchtiger Montepulciano oder ein Chianti sind gerade recht und machen nicht so schnell schlapp.
Rotwein hat es in sich – ein Gläschen schafft eine angenehme kuschelige Atmosphäre, ein bißchen zu viel davon macht leider aber auch schnell müde. Damit die sinnlich-romantische Stimmung nicht in Trägheit ausartet, bringt Sie das eiskalte prickelnde Dessert wieder richtig in Schwung – und den brauchen Sie ja jetzt, oder?

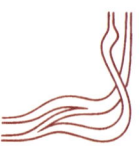

Gefüllte Kräuterrolle auf Salatblättern

Zutaten:
4 EL Mehl
8 EL Milch
2 Eier
2 EL flüssige Butter
Salz, frisch gemahlener Pfeffer
frisch geriebene Musaktnuß
Öl zum Braten

Für die Füllung:
1 EL Magerquark
1 EL Ziegenfrischkäse
1 EL Schlagsahne
2 EL frisch gehackte Frühlingskräuter,
z. B. Basilikum, Schnittlauch, Kerbel, Kresse
Salz, frisch gemahlener Pfeffer

Für den Salat:
einige Kopfsalatblätter
1 EL Weißweinessig
Salz, frisch gemahlener Pfeffer
1 EL Öl
falls im Hause, 1 TL Nußöl oder Kürbiskernöl

Zubereitung:

Die angegebenen Zutaten miteinander zu einem glatten Pfannkuchenteig verrühren und etwa 15 Minuten quellen lassen.

Für die Füllung Quark und Ziegenkäse glattrühren und die Sahne sowie die gehackten Kräuter untermischen. Mit Salz und Pfeffer herzhaft abschmecken. Die Kopfsalatblätter waschen und gut abtropfen lassen. Essig, Salz, Pfeffer und Öle zu einer Salatsauce verrühren.

Etwas Öl in einer großen Pfanne erhitzen. Den Teig gleichmäßig darin verteilen und eine Seite goldbraun braten. Vorsichtig wenden und auch die zweite Seiten bräunen. Auf ein Tuch stürzen und etwas abkühlen lassen. Dann mit der Quarkcreme bestreichen, aufrollen und in Sichtfolie einwickeln. Etwa 1 Stunde in den Kühlschrank legen.

Den Salat mit der Vinaigrette anmachen und auf zwei Teller verteilen. Die gefüllte Rolle in schräge, etwa 1 1/2 cm dicke Scheiben schneiden und auf dem Salat anrichten.

Schuhbecks Tip:

Die Kräuterrolle kann man gut schon am Vortag zubereiten – sie schmeckt dann sogar noch aromatischer. Wer ein Gefriergerät besitzt, bereitet gleich die doppelte Menge zu und legt eine Rolle in den Tiefkühler – für alle Fälle…

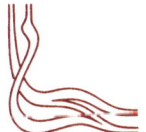

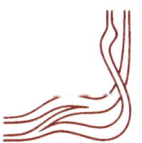

Gebratene Hasenrückenfilets mit Rotweinrhabarber und Haselnußnudeln

Zutaten:
400 g ausgelöste Hasenrückenfilets
Salz, frisch gemahlener Pfeffer
2 Rhabarberstangen
1 EL Zucker
1 EL Öl
200 ml Wildfond aus dem Glas
1 EL Portwein
1/8 l Rotwein
100 g Bandnudeln
20 g Butter
2 EL grob gehackte Haselnüsse

Zubereitung:
Das Hasenfilets mit Salz und Pfeffer würzen. Die Rhabarberstangen waschen, falls nötig schälen und in etwa 3 cm lange Stücke schneiden. Mit Zucker bestreuen und etwa 30 Minuten lang Saft ziehen lassen.

Den Backofen auf 160°C vorheizen. Die Filets im heißen Öl rundherum scharf anbraten. Herausnehmen und auf einer feuerfesten Platte im Backofen in 10 – 12 Minuten fertiggaren. Den Bratensatz mit Wildfond und Portwein ablöschen und auf ein Drittel einkochen lassen.

Den Rotwein in einem breiten Topf zum Kochen bringen und um die Hälfte einkochen lassen. Die Rhabarberstücke dazugeben und zugedeckt bei schwacher Hitze in wenigen Minuten weichdünsten. Ein Drittel des Rhabarbers im Mixer pürieren und mit den Fruchtstücken vermischen.

Die Nudeln in reichlich kochendem Salzwasser bißfest kochen. Auf einem Durchschlag abtropfen lassen. Die Butter in einer Pfanne aufschäumen lassen und die Nüsse darin anrösten. Die Nudeln dazugeben und kurz durchschwenken.

Die kalte Butter in kleinen Flöckchen unter den eingekochten Bratenfond schlagen. Die Filets in Scheiben schneiden, mit Sauce überziehen und mit Rotweinrhabarber und Haselnußnudeln servieren.

Schuhbecks Tip:

Wer gerne kocht, bereitet sich seinen Wildfond selber. Es geht ganz einfach – Wildknochen in Öl anrösten, kleingeschnittenes Suppengrün und Gewürze wie Wacholder, Lorbeer und Piment dazugeben und mit Rotwein aufgießen. Bei mäßiger Hitze auf ein Drittel einkochen lassen. Dann durch ein Sieb gießen und fertig ist ein wohlschmeckender Fond.

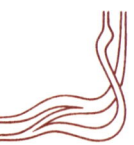

Holunderblütensorbet mit Champagner

Zutaten:
60 g Holunderblüten ohne Stiel
1/8 l Weißwein (Riesling)
100 ml Mineralwasser
100 ml trockener Sekt
1 Gewürznelke
Saft von 1 Zitrone
100 g Zucker
ca. 1/4 l Champagner
einige kandierte Veilchen,
falls Sie diese nicht bekommen,
mit Himbeeren oder Walderdbeeren garnieren.
2 Zweige Zitronenmelisse

Zubereitung:
Die Blüten in einer Schüssel mit kaltem Wasser hin und herschwenken, gut ausschütteln und auf einem Tuch abtrocknen lassen.

Riesling, Mineralwasser, Sekt, Gewürznelke, Zitronensaft und Zucker aufkochen. Die Blüten in ein Steingut- oder Glasgefäß geben und mit dem kochendheißen Sud übergießen. Bedeckt mit einem Tuch etwa 6 – 8 Tage kaltstellen.

Die Mischung durch ein feines Sieb gießen und in einer Sorbet- oder Eismaschine gefrieren lassen. *Wer kein derartiges Gerät hat, gießt die Flüssigkeit in eine flache Metallform und stellt diese in das Tiefkühlgerät. 2 – 3 Stunden gefrieren lassen, dabei aber immer wieder durchrühren, damit sich keine zu großen Eiskristalle bilden.* Kurz bevor das Sorbet richtig fest wird, 3 – 4 EL Champagner unterrühren und vollständig gefrieren lassen.

Mit einem Kugelformer oder einem Eßlöffel Kugeln abstechen, in eine Sektschale geben, mit Champagner aufgießen und mit Veilchen oder Beeren und Zitronenmelisse reizvoll dekorieren.

Schuhbecks Tip:
Da es die Holunderblüten zum Nulltarif gibt, kann der Aufguß ruhig etwas kostspieliger sein – außerdem – das prickelnde Getränk aus Frankreich ist ein altbewährtes Liebeselixier.

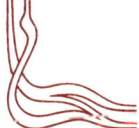

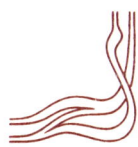

Spargelsuppe

Hähnchenkeulen in Senfsauce, Blattspinat und Basmatireis

Mohr im Hemd

In meinen Restaurant richtet sich der Tischschmuck nach der Jahreszeit und dem jeweiligen Gemüse- und Früchteangebot.
Ein anmutig dekorierter Tisch beflügelt die Lust – nicht nur nach kulinarischen Genüssen.
Wagen Sie zur Abwechslung mal, anstelle des üblichen Blumenschmucks, ein völlig ungewöhnliches, erotisches Arrangement, z. B. aus rohen Spargelstangen, frischen Kräutern, Ingwerwurzeln und Veilchen oder dekorieren Sie den Tisch mit einem Beet von Gänseblümchen und Kräutern und verteilen darauf z. B. blaue Feigen oder leere Austernschalen mit einer Perle darin. Anheimelnd mit Kerzenlicht beleuchtet – wenn da keine lustvolle Stimmung entsteht!
Das feine, cremige Spargelsüppchen stärkt dann hoffentlich noch den Liebeshunger. Die noblen Stangen werden nämlich nicht nur des Aussehens wegen als »Herausforderung der Venus« bezeichnet – eine Menge Vitamine und Mineralstoffe unterstützen diese Aussage. Indische Ayurveda-Ärzte schwören darauf, daß Spargel mit Milch vermischt über einen längeren Zeitraum hinweg die Potenz erheblich verbessert. Nützen sie also die Spargelsaison – ab dem 24. Juni kann dann der Beweis erbracht werden.

Fig. 55. Ingwer.

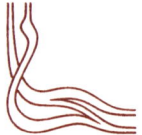

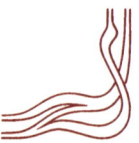

Spargelsuppe

Zutaten:
250 g weißer Spargel
50 g Butter
5 – 6 EL Sahne
5 – 6 EL Kalbsfond oder Geflügelfond
Salz, frisch gemahlener weißer Pfeffer
1 EL geschlagene Sahne
einige Kerbelzweige

Zubereitung:
Spargel waschen und mit einem Spargelschäler vorsichtig vom Kopf zum Ende hin schälen. Die unteren holzigen Enden und die Köpfe abschneiden. Die Köpfe beiseite legen, die Stangen in 2 – 3 cm lange Stücke schneiden. *Für die Spargelsuppe muß es nicht die allerbeste Spargelqualität sein. Bruchspargel oder dünne Stangen sind billiger und eignen sich genauso gut – was zählt, ist nur die Frische.*

Butter in einem Topf aufschäumen lassen und die Spargelstücke sowie die -köpfe darin 8 – 10 Minuten andünsten. Die Spargelköpfe herausheben und beiseite legen. Sahne und Fond zum Gemüse geben. Kurz durchkochen lassen, dann im Mixer fein pürieren. Mit Salz und Pfeffer würzen.

Kurz vor dem Servieren die geschlagene Sahne unter die Suppe ziehen, auf zwei Suppentassen verteilen und mit den Spargelköpfen anrichten. Mit den abgezupften Kerbelblättchen bestreuen.

Schuhbecks Tip:
Die Suppe kann gut einige Stunden vorher zubereitet werden. Kurz vor dem Essen erwärmen, Sahne unterziehen und anrichten.

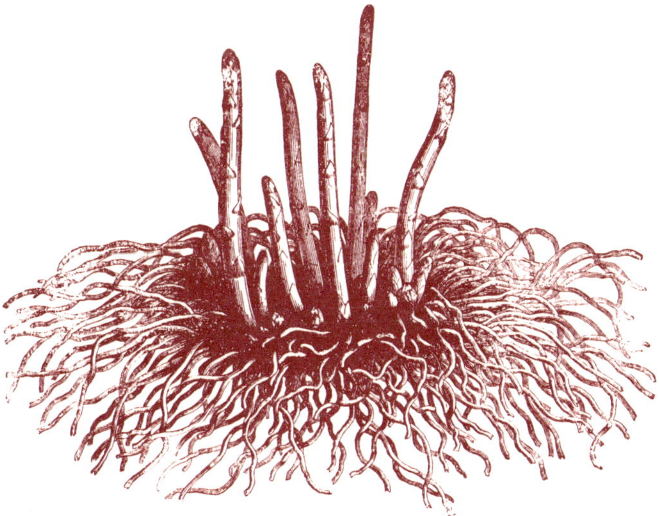

Fig. 292. Spargelpflanze.

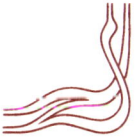

Hähnchenkeulen in Senfsauce, Blattspinat und Basmatireis

Zutaten:
4 fleischige Hähnchenkeulen
Salz, frisch gemahlener weißer Pfeffer
1 EL Öl
10 g Butter
2 Schalotten
5 EL Geflügelfond aus dem Glas
5 EL Sahne
1 – 2 EL scharfer, körniger Senf

Für den Reis:
100 g Basmatireis, Salz
10 g Butter

Für das Gemüse:
500 g frischer junger Spinat
20 g Butter
1 Knoblauchzehe
1 Schalotte
Salz, frisch gemahlener Pfeffer
frisch geriebene Muskatnuß

Zubereitung:
Die Hähnchenkeulen waschen und gut abtrocknen. Öl und Butter in einer Kasserolle erhitzen und die Keulen darin bei starker Hitze rundherum scharf anbraten. Herausnehmen, salzen und pfeffern und mit Alufolie umhüllen.

Die geschälten und in kleine Würfel geschnittenen Schalotten im Bratfett glasig dünsten. Mit Geflügelfond und Sahne ablöschen und den Senf unterrühren. Kurz aufkochen lassen, die Keulen mitsamt dem entstandenen Fleischsaft wieder in die Sauce geben und zugedeckt bei schwacher Hitze in ca. 15 Minuten fertig garen. *Falls die Sauce noch zu dünnflüssig ist, die Keulen herausnehmen und die Sauce bei geöffneter Kasserolle ein wenig einkochen lassen.*

Den Reis in der doppelten Menge Salzwasser in 15 – 20 Minuten körnig kochen. Vor dem Servieren mit Butter verfeinern.

Spinatblätter sorgfältig putzen, mehrmals gründlich waschen und auf einem Durchschlag abtropfen lassen. Knoblauch und Schalotte schälen, in Würfel schneiden und in der heißen Butter glasig dünsten. Den tropfnassen Spinat hineingeben und unter Schwenken des Topfes in 2 – 3 Minuten garen. Mit Salz, Pfeffer und Muskat würzig abschmecken und sofort mit den Hühnerkeulen und dem Reis auf zwei Tellern hübsch anrichten.

Schuhbecks Tip:
Junge Spinatblätter erst kurz vor dem Servieren in das heiße Fett geben. Das Gemüse wird sonst matschig und verliert nicht nur die erfrischend grüne Farbe, sondern auch wertvolle Vitamine.

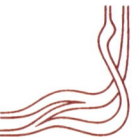

Mohr im Hemd

Zutaten:
50 g Butter
30 g Puderzucker
3 Eigelb
50 g geriebene Mandeln
1 Brötchen
4 – 5 EL heiße Milch
50 g Schokolade
3 Eiweiß
2 EL Zucker
Butter und Semmelbrösel für die Förmchen

Außerdem:
flüssige Schokolade
geschlagene Sahne

Zubereitung:
Den Backofen auf 170° C vorheizen. Butter und Puderzucker cremig rühren und nach und nach die Eigelb und die Mandeln dazugeben. Das Brötchen in Stücke schneiden und in der heißen Milch einweichen. Die Schokolade bei schwacher Hitze erwärmen, bis sie flüssig wird. Brötchen und Schokolade sorgfältig mit der Schaummasse verrühren. Eiweiß zu steifem Schnee schlagen, dabei den Zucker einrieseln lassen. *Achten Sie darauf, daß der Schlagbehälter und die Schneebesen absolut fettfrei sind und das Eiweiß gut gekühlt ist.* Den Eischnee vorsichtig unter die Teigmasse ziehen.

Zwei Souffléeförmchen oder eine kleine Guglhupfform mit Butter ausstreichen und mit Brösel ausstreuen. Die Auflaufmasse einfüllen und die Form im Wasserbad 30 – 35 Minuten backen. *Dazu einen breiten Topf, zwei Finger breit mit heißem Wasser gefüllt, in den Backofen stellen.*

Den »Mohr« gestürzt mit flüssiger Schokolade begießen und gut gekühlte, steif geschlagene Sahne dazu reichen.

Schuhbecks Tip:
In der Guglhupfform sieht der Auflauf natürlich ganz besonders attraktiv aus. Falls etwas übrig bleibt, kein Problem, der »Mohr« schmeckt am nächsten Tag als Kuchen zum Kaffee auch noch sehr gut.

Rahmsuppe von Brunnenkresse

Gebackenes Lammkotelett mit Basilikum-Kartoffelsalat

Pfannkuchen mit Rhabarberfüllung und Weinsabayon

Allein von der Liebe kann keiner leben – und mit knurrendem Magen macht auch das schönste Liebesspiel keinen Spaß! Essen und Trinken hält nun mal Leib und Seele zusammen, und nur wer mit gesundem Essen seinen Körper kräftigt, erhält die Lebenskraft für leidenschaftliches Tun. Genüßliche Schlemmerei – niemals Völlerei – ist der beste Weg zu lustvollem Vergnügen.
Damit die Liebeskräuter Brunnenkresse, Beifuß und Basilikum ihrem Ruf gerecht werden – die Durchblutung der entscheidenden Organe anzuregen und sie in Hochform zu bringen – empfehle ich Ihnen vorab, sozusagen zum Einstimmen, einen raffinierten Cocktail. Feurig rot, betörend prickelnd – ein Drink, der die Sinne weckt und neugierig macht – nicht nur auf die kulinarischen Ereignisse.
Wenn das anschließende Liebesspiel ein unvergeßliches Vergnügen wird, dann liegt es vielleicht am üppigen frischen Basilikumgenuß. Das wunderbare Aroma regt an, die vielen ätherischen Öle, unter anderem Kampfer, entspannen, und der beachtliche Vitamingehalt steigert die Vitalität.

Als Lockerungsübung: Aperitif »Prickelndes Feuer«

Das pürierte Fruchtfleisch von 4 vollreifen Erdbeeren mit 2 EL Zitronensaft und mit 2 cl Orangenlikör verrühren und mit Champagner auffüllen, auf zwei hübsche Gläser verteilen und genüßlich schlürfen.

Brunnenkresse.

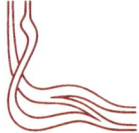

Rahmsuppe von Brunnenkresse

Zutaten:
1/4 l Fleischbrühe
1 Handvoll Brunnenkresse,
am aromatischsten ist natürlich die wildwachsende Bachkresse
20 g Butter
1/8 l Sahne
Salz, frisch gemahlener weißer Pfeffer
frisch geriebene Muskatnuß
einige Kresseblätter zum Garnieren

Zubereitung:
Die Fleischbrühe in einem Topf köcheln lassen, bis etwa ein Viertel davon verdampft ist. *Unbedingt eine echte Fleischbrühe für das feine Gangerl nehmen, Instant-Brühe verdirbt den feinen Geschmack. Ein wirklich guter Ersatz ist ein Kalbs- oder Rinderfond aus dem Glas – das Einkochen entfällt dann.*

Die Blätter der Brunnenkresse von den Stielen zupfen und in der heißen Butter ganz kurz andünsten. Mit Sahne aufgießen, 3 EL davon für später aufbewahren. Die Mischung mit Hilfe eines Pürierstabes oder in einem Mixer sehr fein pürieren und in die reduzierte Brühe geben. Die Suppe erhitzen und mit Salz, Pfeffer und Muskat würzig abschmecken.

Die zurückgelassene Sahne mit einem kleinen Schneebesen halbsteif schlagen und vor dem Servieren unter die Suppe ziehen. In zwei Tassen füllen und mit abgezupften Kresseblättern bestreuen.

Fig. 34. Muskatnuß u. -blüte.

Gebackenes Lammkotelett mit Basilikum-Kartoffelsalat

Zutaten:

6 Lammkoteletts, je ca. 60 g
Salz
frisch gemahlener Pfeffer
1 Thymianzweig
1 Beifußzweig
etwas abgeriebene Schale
einer unbehandelten Zitrone
40 g Butter
ca. 1 – 2 EL Mehl
1 Ei
ca. 3 – 4 EL Semmelbrösel
Öl zum Braten

Für den Basilikum-Kartoffelsalat:
500 g festkochende Kartoffeln
1 kleine Zwiebel
1/4 l Fleischbrühe
Salz, frisch gemahlener Pfeffer
2 EL Rotweinessig
2 EL Öl
1 kleiner Bund Basilikum
1 kleine Knoblauchzehe
2 EL kaltgepreßtes Olivenöl

Für die Garnitur:
1 Tomate
2 Basilikumzweige

Zubereitung:

Von den Lammkoteletts das Fleisch ein wenig vom Knochen lösen und den Fettrand einschneiden. Das Fleisch mit Salz und Pfeffer würzen.

Die Koteletts erst in Mehl, dann im verquirlten Ei und zum Schluß in den Semmelbröseln wenden. Die Panade gut festdrücken.

Die Blätter von Thymian und Beifuß abzupfen und fein hacken. Mit der Zitronenschale unter die sahnig gerührte Butter mischen und mit Salz und Pfeffer würzig abschmecken. Zu einer Rolle formen und mit Sichtfolie umhüllt in den Kühlschrank legen.

Für den Salat die Kartoffeln in Salzwasser in etwa 20 Minuten garkochen, pellen und in dünne Scheiben schneiden. Die geschälte, in Würfel geschnittene Zwiebel in 1 EL Öl glasig dünsten und zu den Kartoffelscheiben geben. Die Brühe mit Essig, Salz, Pfeffer und restlichem Öl erhitzen, über die Kartoffeln gießen und alles vorsichtig miteinander vermischen.

Basilikumblätter abzupfen und mit der geschälten Knoblauchzehe, Salz und Pfeffer in einem Mörser zerreiben. Nach und nach das Olivenöl dazugießen, bis eine cremige Paste entsteht. Unter den marinierten Salat mischen und, falls nötig, noch ein wenig nachwürzen.

Öl in einer Pfanne erhitzen und die Lammkoteletts bei mittlerer Hitze von jeder Seite in 2 – 3 Minuten goldbraun braten. Die Kräuterbutter in Scheiben schneiden, auf eine Tomatenhälfte legen und mit dem Basilikum-Kartoffelsalat und jeweils 3 Koteletts auf zwei Tellern anrichten. Mit frischen Basilikumzweigen garnieren.

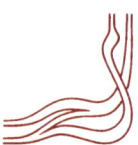

Pfannkuchen mit Rhabarberfüllung und Weinsabayon

Zutaten:

Für den Teig:
50 g Mehl
1 Prise Salz
1 Ei
1 TL Zucker
4 EL Milch
5 EL Sahne
1 EL braune Butter

Für die Füllung:
200 g Rhabarber
2 EL Zucker
1 Ei
1 TL Puderzucker
1 geh. EL geriebene Mandeln

Für die Sabayon:
1 Eigelb
2 EL Zucker
100 ml trockener Weißwein

Für die Garnitur:
2 Zweige Zitronenmelisse
2 schöne Erdbeeren mit Grün

Zubereitung:

Mehl, Salz, Ei, Zucker, Milch, Sahne und braune Butter zu einem glatten Teig verquirlen. Den Teig durch ein feines Sieb passieren, dann mindestens 30 Minuten ruhen lassen.

Für die Füllung den Rhabarber nur falls nötig schälen und in etwa 2 cm lange Stücke schneiden. Mit 1 EL Zucker bestreuen und Saft ziehen lassen. Im eigenen Saft bei mittlerer Hitze in wenigen Minuten bißfest dünsten. Anschließend auf einem Sieb abtropfen lassen. *Den Saft bloß nicht wegschütten, er schmeckt mit Sekt aufgegossen herrlich erfrischend.*

Das Ei mit dem restlichen Zucker und Puderzucker schaumig rühren. Die Mandeln und die abgetropften Rhabarberstückchen untermischen.

Aus dem Teig entweder 2 größere oder 4 kleine Pfannkuchen backen, mit der Rhabarbercreme füllen und aufrollen. Im vorgeheizten Backofen warmstellen.

Eigelb, Zucker und Eiweiß über einem Wasserbad so lange mit einem Schneebesen aufschlagen, bis eine lockere schaumige Sauce entstanden ist. Ein wenig Sabayon als Spiegel auf zwei Teller gießen, die gefüllten Pfannkuchen darauf anrichten und mit Zitronenmelisse und den Erdbeeren verzieren. Die restliche Sabayon in einem kleinen Kännchen getrennt dazu reichen.

Schuhbecks Tip:

Pfannkuchen und Füllung kann man gut vorbereiten. Kurz vor dem Genuß im Backofen erwärmen. Sollte die Stimmung nach dem Hauptgang schon so leidenschaftlich sein, vergeuden Sie keine Zeit in der Küche für die Sabayon – die Pfannkuchen schmecken auch ohne.

Tatar vom Lachs auf knusprigen Kartoffelscheiben

Selleriepflanzerl mit Paprikaragout und Schmorkartoffeln

Beerengratin

Eines der unerschöpflichen Themen im Zusammenhang mit aphrodisischen Kräften ist wohl Sellerie. Ob Knolle oder Stange, dieses Gemüse genießt wie kein anderes den Ruf, potenzstärkend zu sein. Vom Ernährungsstandpunkt aus betrachtet, ist die Aussage zwar ein wenig fraglich, da Sellerie ungemein entwässernd wirkt. Andererseits enthält das Gemüse neben Kalium auffallend viel Kalzium und ein hormonähnliches Enzym, das einem Anti-Streß-Effekt bewirkt. Wahrscheinlich liegt es daran – Frauen sind sich jedenfalls einig – nur ein lockerer und entspannter Mann ist ein großartiger Liebhaber. Außerdem: jeder Mann weiß, gestreßt geht nichts.
Damit der sexuelle Appetit, vor allem bei ruhelosen Männern, auch richtig geweckt wird, probieren Sie's doch gleich mit einem Hauptgang aus Sellerie. Unterstützt werden diese Power-Pflanzerl von einem mineralstoff- und vitaminreichen Paprikaragout, dem ebenfalls eine lustfördernde Wirkung nachgesagt wird. Ganz nebenbei bemerkt, rote Paprikaschoten enthalten doppelt soviel Vitamin C wie die grünen (unreifen) Artgenossen.
Kulinarisch haben Sie, verehrte Damen, nun aufs Beste vorgesorgt – fehlt nur noch das Drumherum, wie behagliche Atmophäre, edler Wein, gepflegtes Aussehen und ein aufreizendendes Parfüm (das jedoch nicht den Duft der Speisen übertönen darf!).

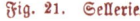

Fig. 21. Sellerie.

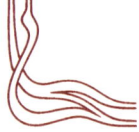

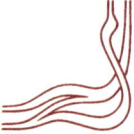

Tatar vom Lachs auf knusprigen Kartoffelscheiben

Zutaten:
1 große Kartoffel
3 – 4 EL Öl zum Ausbraten
150 g ganz frisches, rohes Lachsfilet
Salz, frisch gemahlener weißer Pfeffer
Saft von 1 Zitrone
1 EL Öl, z. B. Distelöl
1 EL feingeschnittener Schnittlauch
etwas Feldsalat oder andere frische Salatblätter

Zubereitung:
Das völlig grätenlose Lachsfilet mit einem scharfen großen Messer in winzig kleine Würfel schneiden. *Niemals in einen elektrischen Zerhacker geben, das Tatar wird leicht zu musig und der feine Fischgeschmack geht verloren.* Mit Salz, Pfeffer und der Hälfte des Zitronensaftes würzen. Einige Tropfen Öl und den Schnittlauch untermischen.

Die Kartoffel schälen und auf dem Gurkenhobel in gleichmäßig dünne Scheiben schneiden. Mit Küchenpapier trockentupfen. Das Öl in einer Pfanne erhitzen und die Kartoffelscheiben darin schwimmend goldbraun braten. Salzen und jeweils etwas vom Fischtatar zwischen zwei Kartoffelscheiben anrichten. Auf zwei Teller verteilen.

Den gewaschenen, gut abgetropften Salat mit einer Marinade aus restlichem Zitronensaft, Salz, Pfeffer und Öl anmachen und dekorativ mit den gefüllten Kartoffeltalern anrichten.

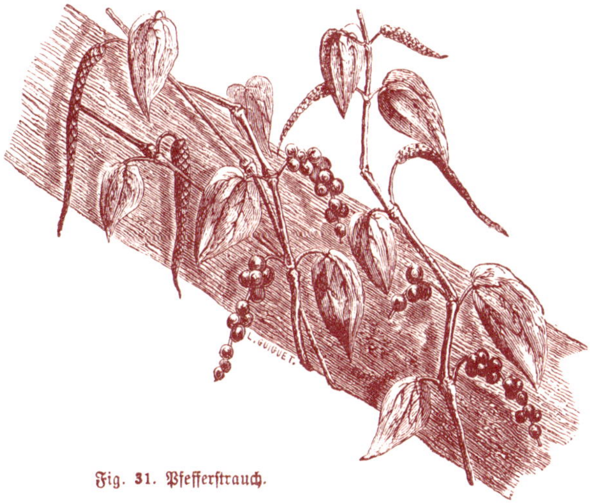

Fig. 31. Pfefferstrauch.

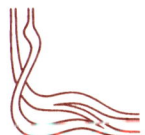

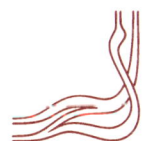

Selleriepflanzerl mit Paprikaragout und Schmorkartoffeln

Zutaten:

1 Sellerieknolle von etwa 400 g
1/8 l Sahne
Salz, frisch gemahlener Pfeffer
frisch geriebene Muskatnuß
1 Stange Staudensellerie
2 rote Paprikaschoten
4 vollreife Tomaten
1 Schalotte
2 EL Öl, z. B. Traubenkernöl
1 hartgekochtes Ei
1 EL abgezupfte Kerbelblättchen
Butter zum Braten

Für die Schmorkartoffeln:
300 g sehr kleine Frühkartoffeln
etwas Kümmel
2 EL Öl
2 – 3 EL Kalbsfond aus dem Glas
1 – 2 Majoranzweige
1/2 Bund Petersilie
20 g Butter

Zubereitung:

Die Sellerieknolle schälen. Erst in etwa 1 cm dicke Scheiben, dann in Würfel schneiden. In einen Topf geben, mit Sahne begießen und zugedeckt in etwa 30 Minuten weichschmoren. Das Gemüse mit einer Gabel fein zerdrücken und mit Salz, Pfeffer und Muskat würzen.

Von der Selleriestange die grünen Blätter entfernen und beiseite legen. Die Stange in kleine Würfel schneiden, in Salzwasser kurz blanchieren und auf einem Sieb abtropfen lassen.

Paprikaschoten unter dem Grill oder im heißen Backofen so lange rösten, bis sich Blasen bilden, dann die Haut abziehen. Die Schoten halbieren und Stengelansätze und Samenkerne entfernen. *Es gibt in Feinkostgeschäften gehäutete, eingelegte Paprikaschoten. Die schmecken ausgezeichnet, und Sie sparen sich die lästige Arbeit.* Die Tomaten kurz in kochendes Wasser tauchen, häuten, halbieren und entkernen. Die Schalotte schälen und alles in kleine Würfel schneiden. Im erhitzten Öl anschwitzen und bei mittlerer Hitze musig verkochen lassen. Mit Salz und Pfeffer würzen und kalt stellen.

Die gründlich gewaschenen Kartoffeln in Salzwasser mit Kümmel in etwa 15 Minuten gar kochen. Abgießen, abdampfen lassen, die Schale abziehen und die Kartoffeln halbieren. Das Öl in einer Pfanne erhitzen und die Kartoffelhälften darin goldbraun braten. Den Kalbsfond im offenen Topf noch etwas einkochen lassen. Feingehackte Majoranblätter und Petersilie sowie die Butter zu den Kartoffeln geben und kurz mit anbraten. Vor dem Servieren mit dem heißen Fond begießen und kurz durchschwenken.

Die Stangenselleriewürfel, das gehackte Ei und den Kerbel unter das Selleriepüree mischen und würzig abschmecken. Aus der Masse vier runde Plätzchen formen und in heißer Butter auf beiden Seiten goldgelb braten. Die Gemüsepflanzerl mit dem Paprikaragout und den Schmorkartoffeln appetitlich auf zwei Tellern anrichten.

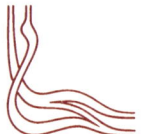

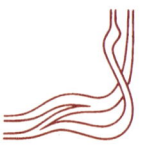

Beerengratin

Zutaten:
250 g gemischte Beeren,
wie Erdbeeren, Heidelbeeren,
Brombeeren und Himbeeren,
etwas Zitronensaft
2 EL Zucker
1 Eigelb
1 Eiweiß
2 EL Puderzucker
1 EL Topfen oder Magerquark
2 EL steif geschlagene Sahne
1 EL Orangenlikör

Zubereitung:

Beeren putzen und nur ganz kurz waschen. *Beeren aus eigenem Garten müssen natürlich nicht gewaschen werden, sie verlieren sonst nur unnötig Aroma.* In zwei feuerfeste Förmchen oder Schalen geben, mit Zitronensaft beträufeln, mit 1 EL Zucker bestreuen und mindestens 15 Minuten ziehen lassen. Den Grill oder den Backofen auf 250° C vorheizen.

Eigelb und 1 EL Puderzucker schaumig schlagen. Eiweiß und den restlichen Zucker zu steifen Schnee schlagen. Eigelbcreme, Topfen, Sahne und Eischnee locker miteinander vermischen und mit Orangenlikör parfümieren.

Die Schaummasse über den Beeren verteilen und unter dem heißen Grill oder im Backofen bei 250°C und Oberhitze in wenigen Minuten hellgelb überbacken. Mit restlichem Puderzucker bestäuben und sofort servieren.

Schuhbecks Tip:

Je nach Jahreszeit können Sie das Dessert auch mit Pfirsichen, Aprikosen oder Mangos zubereiten.

Fig 75. Brombeere.

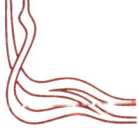

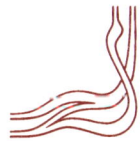

Sommer

Geeiste Gurkensuppe

Maispoulardenbrust auf Gemüse

Kirschendatschi mit Vanillesahne

Das ideale Liebesmenü für heiße Sommertage bzw. -abende, denn Suppe und Dessert kann man gut vorbereiten, und das Hauptgericht ist ohne größeren Kochaufwand in kürzester Zeit fertig.
Sie sollen ja nicht schon beim Vorbereiten ins Schwitzen kommen.
Die kühle Suppe erfrischt und ist gleichzeitig kalorienarm. Auf keinen Fall den frischen Dill vergessen – das feinwürzige Kraut steckt voller Mineralstoffe wie Kalium, Phosphor und Kalzium und die enthaltenen äherischen Öle machen locker – besonders wichtig, wenn der Partner noch etwas schüchtern und verklemmt ist.
Der anregenden Thymianduft erweckt Urlaubserinnerungen an laue Sommernächte an Mittelmeerstränden. Außerdem sorgt das eiweißreiche, fettarme Hähnchenfleisch, zusammen mit dem darin reichlich enthaltenen Vitamin B1 (Thiamin), für die nötige Power.
Kirschendatschi auf einem reizvoll dekorierten Teller, dazu ein Glas Champagner Rosé – ein Superabschluß. Welch herrliches Lustgefühl, in die saftigen, prallen Kirschen, voller Mineralstoffe und Vitamine, hineinzubeißen!

Thymian.

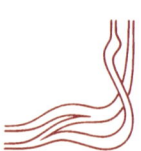

Geeiste Gurkensuppe

Zutaten:
1 Freilandgurke von etwa 400 g
Salz
1 kleine Knoblauchzehe
4 – 5 EL Sahne
1 – 2 TL aromatischer Weißweinessig
frisch gemahlener weißer Pfeffer
etwas Cayennepfeffer
1 TL frisch gehackter Dill

Zubereitung:

Die Gurke schälen, halbieren und die Kerne mit einem Löffel herausschaben. *Probieren Sie ein Stückchen Gurke vom Stielende, ob es bitter schmeckt. Notfalls eine andere Gurke nehmen, sonst ist das kühle Süppchen ruiniert.*

Das Fruchtfleisch in Stücke schneiden, mit Salz bestreuen und etwa 10 Minuten stehen lassen.

Mit der geschälten Knoblauchzehe und der Sahne im Mixer fein pürieren und mit Essig, Pfeffer und Cayennepfeffer würzig abschmecken. Erneut kurz durchmixen und zugedeckt für mindestens 1 Stunde in den Kühlschrank stellen.

Kurz vor dem Servieren noch einmal abschmecken und falls nötig nachwürzen. Auf zwei Suppentassen verteilen und mit frisch gehacktem Dill bestreut servieren.

Schuhbecks Tip:

Wenn Sie Knoblauchgeruch beim Partner stört, lassen Sie die Zehe einfach weg. Ich habe allerdings festgestellt, daß Menschen, die gerne Knoblauch essen, meist fröhlicher und gelassener sind. In diesem Rezept löst sich das Problem von selbst, denn frischer Dill vertreibt die Knoblauchfahne.

Fig. 37. Cayenne-Pfeffer.

Maispoulardenbrust auf Gemüse

Zutaten:
2 fleischige Maispoulardenbrüste mit Haut
2 kleine Thymianzweige
Salz, frisch gemahlener Pfeffer
2 EL Öl
20 g Butter

Für die Gemüsepfanne:
100 g Knollensellerie
1 große Möhre
1 kleiner Kohlrabi
1 kleine Fenchelknolle mit Grün
2 EL Olivenöl
Salz, frisch gemahlener Pfeffer

Zubereitung:
Die Haut der Poulardenbrüste mit einem spitzen Messer etwas lösen und jeweils einen Thymianzweig darunterschieben. Am besten geht es mit einem Spickmesser, das lang und sehr spitz ist. Die Brüste rundherum mit Salz und Pfeffer würzen.

Den Backofen auf 160° C vorheizen.

Das Öl in einer Pfanne erhitzen und die Geflügelteile auf beiden Seiten scharf anbraten. Herausnehmen und auf einem Gitter mit darunterliegendem Teller abtropfen lassen. Den Fleischsaft auf keinen Fall wegschütten, damit bestreicht man anschließend die Brüstchen.

Für die Gemüsepfanne Sellerie, Möhre und Kohlrabi schälen und erst in dünne Scheiben, dann in feine Streifen schneiden. *Denken Sie dran, unter der Schale verbergen sich viele wichtige Vitamine, auf die Sie für den heutigen Anlaß auf keinen Fall verzichten können.* Von der Fenchelknolle das Grün abschneiden, die Knolle halbieren und ebenfalls streifig schneiden. Das Fenchelgrün fein hacken.

Die angebratenen Brüstchen auf eine feuerfeste Platte legen und im vorgeheizten Backofen in etwa 10 Minuten fertiggaren. Zwischendurch mit dem abgetropften Fleischsaft bepinseln.

Währenddessen in einem Wok oder einer tiefen Pfanne das Olivenöl erhitzen und das Gemüse unter Rühren bißfest braten. Mit Salz und Pfeffer würzen und zum Schluß mit dem gehackten Fenchelgrün bestreuen. Die Maispoulardenbrüste in dünne, schräge Scheiben schneiden und auf dem Gemüse anrichten.

Schuhbecks Tip:
Ich kann mir überhaupt nicht vorstellen, daß es Leute gibt, die das zarte Grün der Fenchelknolle wegwerfen. Es schmeckt prima, enthält eine beachtliche Menge Vitamin C und ist zudem noch äußerst dekorativ.

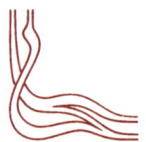

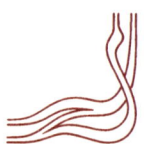

Kirschendatschi mit Vanillesahne
(Rezept für 4 Gebäckstücke)

Zutaten:
200 g tiefgekühlter Blätterteig
300 g süße Kirschen
30 g Marzipanrohmasse
1 kleines Eiweiß
10 g weiche Butter
1 EL gemahlene Mandeln
1 – 2 EL Kirschwasser

Für die Vanillesahne und Dekoration:
100 ml Sahne
1 TL Vanillezucker
2 EL Kirschgelee
2 Minzezweige

Zubereitung:
Die Blätterteigplatten ein wenig anfeuchten, übereinanderlegen und etwa 3 mm dick ausrollen. *Wir machen natürlich im Restaurant unseren Blätterteig selber, für den Haushalt lohnt sich die Mühe aber wirklich nicht, außerdem ist der tiefgekühlte, fertige Teig ausgezeichnet.*
Aus der Teigplatte vier runde Kreise oder vier Herzen im Durchmesser von 12 – 14 cm ausschneiden. Auf ein Backpapier legen und kaltstellen. Den Backofen auf 220° C vorheizen.

Kirschen waschen und entsteinen. Marzipan mit Eiweiß, weicher Butter, Mandeln und Kirschwasser verrühren. Die Kreise oder Herzen mit der Masse bestreichen, gleichmäßig mit den Kirschen belegen und im heißen Backofen 15 – 20 Minuten backen.

Vor dem Servieren die Sahne mit Vanillezucker halbsteif schlagen. Das Kirschgelee erhitzen und mit der Hälfte davon die Kirschen bepinseln, dann glänzen sie besonders schön. Die Gebäckstücke auf zwei Teller verteilen und mit Sahne, Minzeblättern und mit dem restlichen flüssigen Kirschgelee phantasievoll verzieren. Dazu jeweils einen Streifen Sahne und flüssiges Gelee und wieder Sahne nebeneinander auf einen großen Teller gießen. Mit einem Zahnstocher in kurzen Abständen durch die Sauce ziehen. Das Datschi-Herz daneben legen und fertig ist ein raffinierter Dessertteller.

Schuhbecks Tip:
Den Kirschendatschi am besten morgens schon zubereiten und vor dem Servieren kurz im warmen Backofen anwärmen. Lauwarm schmeckt der Datschi nämlich am besten.
Es lohnt sich, gleich vier kleine Kuchen zu backen, denn die Arbeit bleibt die gleiche. Blätterteiggebäck läßt sich gut einfrieren und ist aufgebacken kaum von Frischgebackenem zu unterscheiden.

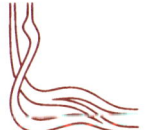

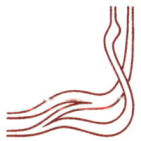

Gemüse-Carpaccio

Wallergulasch mit Paprika und Salzkartoffeln

Errötende Jungfrau

Ein alter Spruch heißt: Willst du geliebt werden, mußt du zuerst lieben. Für jemanden gut zu kochen, ist in der heutigen, hektischen Zeit ein echter Liebesbeweis. Wenn sich ein Junggeselle in seiner Drei-Quadratmeter-Küche daranmacht, seinem Herzblatt eine kulinarische Liebeserklärung zuzubereiten, dann ist das an sich schon anregend genug.
Knackiges Gemüse, reizvoll angerichtet, macht wenig Arbeit, sorgt für den notwendigen Elan und ist mit einem genußvoll geschlürften Glas Champagner ein Auftakt nach Maß.
Wer dann noch auf die exorbitante Wirkung des Paprika setzt, der hat an diesem Abend die Trümpfe in der Hand. Reife, rote Paprikaschoten sind mit 140 mg pro 100 g die Vitamin-C-Bomben unter allen Gemüsesorten. Das bringt Elan, fördert die Durchblutung und steigert das Lebens- und Liebesgefühl. Das leichtbekömmliche Fischfleisch belastet den Körper nicht unnötigerweise – ganz im Gegenteil – Fisch macht fit. Und wenn nach der »errötenden Jungfrau« auch ihre Geliebte rote Wangen bekommt – na, dann hat sich das Kochen doch gelohnt.

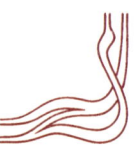

Gemüse-Carpaccio

Zutaten:

1 kleiner Kohlrabi
1 große Möhre
2 Stangen weißer Spargel
1 kleiner Zucchino
Salz, frisch gemahlener Pfeffer
1 Prise Zucker
1 EL Weißweinessig
1 TL Balsamessig
2 EL Öl, z. B. Traubenkernöl
1 EL abgezupfte Kerbelblättchen
1 EL gehackte Basilikumblätter
1 EL feingeschnittener Schnittlauch
1 EL gehackte Petersilie
2 frische Dillzweige

Zubereitung:

Kohlrabi, Möhre und Spargel schälen, Zucchino waschen. Alle Gemüsesorten im Ganzen nacheinander in kochendem Salzwasser bißfest kochen.

Salz, Pfeffer, Zucker und die Essigsorten verrühren, bis sich das Salz gelöst hat, und unter weiterem Rühren das Öl dazugießen. Die vorbereiteten Kräuter untermischen.

Das Gemüse in hauchdünne schräge Scheiben schneiden. *Am besten geht es mit einer Aufschnittmaschine. Anschnittte oder mißlungene Scheiben in kleine Würfel schneiden und unter die Kräutervinaigrette mischen.* Die Gemüsescheiben von innen nach außen auf zwei Tellern kreisförmig und leicht überlappend anordnen. Die Gemüsescheiben mit der Vinaigrette beträufeln und in die Mitte einen frischen Dillzweig legen.

Schuhbecks Tip:

Natürlich sind die hier angegebenen Gemüse nicht verpflichtend – wählen Sie nach Jahreszeit und eigenem Geschmack aus.

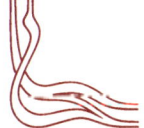

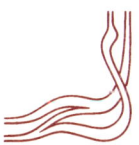

Wallergulasch mit Paprika und Salzkartoffeln

Zutaten:
400 g Wallerfilet
(ersatzweise Filet von Hecht oder Zander)
3 rote Paprikaschoten
1 kleine Stange Lauch
1 Schalotte
2 EL Öl
400 ml Fischfond aus dem Glas
Salz, frisch gemahlener Pfeffer
1 Thymianzweig

Außerdem:
400 g vorwiegend festkochende Kartoffeln
Salz
20 g Butter
1 EL frisch gehackte Petersilie

Zubereitung:
Das Wallerfilet waschen, trockentupfen und in 3 cm große Würfel schneiden. Paprikaschoten halbieren, Stengelansätze und Kerne entfernen und unter dem Grill oder im Backofen bei 250° C so lange rösten, bis die Haut Blasen wirft: Dann häuten und 4 Hälften in Rauten schneiden, die restlichen in kleine Würfel. *Bis sich die Paprika häuten lassen, vergehen mindestens 15 – 20 Minuten. Die Mühe lohnt sich aber, denn das Aroma wird dadurch wesentlich intensiver und die Schoten werden viel bekömmlicher.* Die Lauchstange der Länge nach halbieren und gründlich unter fließendem Wasser waschen. Die Blätter ablösen und in Rauten, die geschälte Schalotte in Würfel schneiden.

Kartoffeln schälen, halbieren und in wenig Salzwasser in etwa 20 Minuten gar kochen.

Das Öl in einem Schmortopf erhitzen und die Schalottenwürfel darin glasig dünsten. Die Paprikawürfel dazugeben und mit anschwitzen. Mit Fischfond aufgießen, salzen und pfeffern und den Thymian dazugeben. Etwa 10 Minuten bei schwacher Hitze kochen lassen. Dann im Mixer fein pürieren und durch ein feines Sieb streichen. Die Gemüserauten in die Paprika-Fisch-Sauce geben und kurz aufkochen lassen. Die Fischwürfel unter das Gemüseragout mischen und bei schwacher Hitze etwa 6 – 8 Minuten ziehen lassen.

Die gekochten und gut abgedampften Kartoffeln in heißer Butter schwenken, mit frisch gehackter Petersilie bestreuen und mit dem Wallergulasch auf zwei Tellern anrichten.

Schuhbecks Tip:

Das Gulasch sieht natürlich ganz besonders attraktiv aus, wenn das Gemüse in Rauten geschnitten wird. Erscheint Ihnen das zu schwierig – schneiden Sie es in gleichmäßige Würfel. Wenn Sie für Ihre(n) Herzallerliebste(n) kochen, stechen Sie mit einem kleinen Herzchenausstecher Paprikaherzen aus. Die Abschnitte nehmen Sie dann zum Andünsten für die pürierte Sauce.

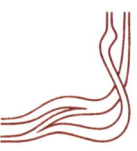

Errötende Jungfrau

Zutaten:
1/8 l Buttermilch
200 ml Sahne
2 EL Zucker
1 EL Zitronensaft
1 EL Himbeergeist
2 Blatt weiße Gelatine
1 Blatt rote Gelatine
250 g Himbeeren
1 – 2 EL Zucker
2 Minzezweige

Zubereitung:
Die Buttermilch mit der Hälfte der Sahne und dem Zucker leicht schaumig schlagen. Zitronensaft und Himbeergeist untermischen.

Die Gelatine in reichlich kaltem Wasser einweichen, gut ausdrücken und bei schwacher Hitze auflösen. Mit der Buttermilchmischung verquirlen und im Kühlschrank in 15 – 20 Minuten gelieren lassen. *Damit nichts schief geht, rührt man zuerst 1 – 2 EL Buttermilch in die flüssige Gelatine und gibt dann langsam den Rest unter Rühren dazu.*

Die Himbeeren kurz waschen und mit Zucker bestreuen. Die restliche Sahne steif schlagen und unter die gelierende Speise mischen.

In zwei hübsche Gläser abwechselnd Himbeeren und Creme füllen. Obenauf mit frischen Himbeeren und einem Minzeblatt verzieren.

Schuhbecks Tip:
Eine köstlich erfrischende Speise, die selbst Menschen mundet, die Buttermilch pur nicht ausstehen können.

Pochierte Eier auf Blattspinat mit Kräutersauce

Gepökelte Lammschulter auf Lauchgemüse mit Meerrettichsauce und Kartoffelwürfeln

Geeister Espressoschaum

Ich kann mich erinnern, daß meine Mutter, als ich noch ein Kind war, manchmal sagte: »Der Bub soll nicht so viele hartgekochte Eier essen.« Auf meine Frage: »Warum nicht?« bekam ich nie eine befriedigende Antwort. Mir fiel immer nur so ein eigenartiges Schmunzeln der Erwachsenen auf. Was ich damals nicht wußte – schon seit der Antike schrieb man hartgekochten Eiern, neben Stierhoden, Austern, Kaviar, Spargel und Fasan, eine liebesweckende Kraft zu.
Weshalb die Eier hartgekocht sein müssen, damit man auf Liebesgedanken kommt, ist mir bis heute schleierhaft. Im Ei steckt, ob roh, pochiert, gebraten oder wie auch immer zubereitet, Wertvolles für die Gesundheit: 15 % Eiweiß mit einer biologischen Wertigkeit, die höher ist als die von Milch, Fleisch oder Fisch, beachtliche Mengen an Vitamin A, D und E, und außerdem kann man alleine mit einem Ei den Tagesbedarf eines Erwachsenen an Eisen decken. Zusammen mit Spinat, der mit 10 Vitaminen und 13 Mineralstoffen ein wahres Wunderwerk der Natur ist, eine Superstärkung für lustvolles Vergnügen. Wem immer noch der Mut fehlt – keine Angst, nach dem Genuß des Lauchgemüses ist auch das kein Problem mehr. Schon bei den alten Germanen galten die grünen Stangen als absoluter Mutmacher. Manch tapferer Krieger trug ihn sogar im Helm mit. Das aber muß nicht sein – genießerisch verzehren reicht allemal!

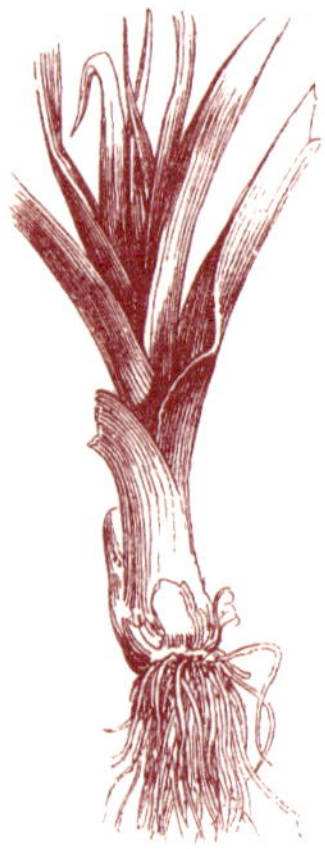

Porri.

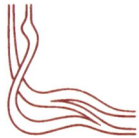

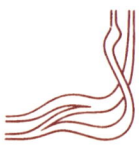

Pochierte Eier auf Blattspinat mit Kräutersauce

Zutaten:
250 g frische, junge Spinatblätter
1 Knoblauchzehe
1 Schalotte
20 g Butter
Salz, frisch gemahlener Pfeffer
frisch geriebene Muskatnuß
2 frische Landeier
1 – 2 El Weißweinessig

Für die Kräutersauce:
1/2 Bund Petersilie
4 – 5 Kerbelzweige
1 kleine Schalotte
20 g Butter
100 ml Kalbsfond aus dem Glas
3 EL Sahne
Salz, frisch gemahlener Pfeffer

Zubereitung:
Spinat gründlich verlesen und sorgfältig waschen. Knoblauchzehe und Schalotte schälen und in winzige Würfel schneiden. In der erhitzten Butter glasig andünsten, den tropfnassen Spinat dazugeben und zugedeckt ca. 2 Minuten dünsten. Mit Salz, Pfeffer und Muskat würzen.

In einem hohen Topf Wasser mit Essig und Salz zum Kochen bringen. Den Topf von der Kochplatte nehmen und die zwei Eier vorsichtig hineingleiten lassen. *Das geht am einfachsten, wenn man jeweils ein Ei in einen Schöpflöffel oder eine Tasse schlägt und dann vorsichtig in das siedende Wasser gleiten läßt.* Mit Hilfe eines Kochlöffels das Eiweiß um den Dotter hüllen und etwa 4 Minuten pochieren. *Das Wasser darf dabei keinesfalls kochen, sonst wird das Eiweiß löcherig.*

Für die Kräutersauce die Blätter von Petersilie und Kerbel abzupfen, die geschälte Schalotte in Würfel schneiden und in der Hälfte der Butter andünsten. Die Kräuter dazugeben, kurz durchschwenken und mit dem Fond aufgießen. Einmal aufkochen lassen, dann mit dem Pürierstab fein pürieren und durch ein feines Sieb passieren. Die Sahne und die restliche Butter dazugeben, mit Salz und Pfeffer würzen und mit dem Pürierstab noch einmal schaumig aufschlagen.

In die Mitte der zwei Teller jeweils etwas Blattspinat geben, mit je einem pochiertem Ei belegen und mit der Sauce überziehen.

Schuhbecks Tip:
Unbedingt Eier von glücklichen Hennen, die frei herumlaufen, für diese Vorspeise verwenden.

Gepökelte Lammschulter auf Lauchgemüse mit Meerrettichsauce und Kartoffelwürfeln

Zutaten:

500 g gepökelte Lammschulter
1 Thymianzweig

Für das Gemüse:
2 kleine Stangen Lauch
20 g Butter
3 – 4 EL Sahne
Salz, frisch gemahlener Pfeffer
frisch geriebene Muskatnuß
1 EL frisch gehackte Petersilie

Für die Kartoffelwürfel:
300 g festkochende Kartoffeln
Salz
3 EL Öl
10 g Butter
2 Majoranzweige

Für die Sauce:
4 EL Brühe
3 EL Sahne
1/2 Scheibe Scheibe Toastbrot
1 – 2 EL frisch geriebener Meerrettich,
je nach gewünschter Schärfe

Zubereitung:

Die Lammschulter einige Minuten in kochendes Wasser geben und anschließend in eisgekühltem Wasser abschrecken. Dann in reichlich kaltes Wasser legen, den Thymianzweig dazugeben und kurz aufkochen lassen. Bei schwacher Hitze in etwa 1 1/2 Stunden gar ziehen lassen.

Die Lauchstangen längs halbieren und unter fließendem Wasser gründlich waschen. In schmale Streifen schneiden. Die Butter erhitzen und die Lauchstreifen darin anschwitzen. Mit Sahne und 2 bis 3 EL Wasser aufgießen, mit Salz, Pfeffer und Muskat würzen und zugedeckt bei schwacher Hitze fertig garen. *Das Lauchgemüse soll richtig weich sein, jedoch nicht matschig. Wenn es allerdings noch zu knackig ist, kann sich das Aroma kaum entfalten.* Das Gemüse zum Schluß mit gehackter Petersilie bestreuen.

Die Kartoffeln schälen und in 1 cm große Würfel schneiden. In kochendem Salzwasser einmal aufkochen lassen, abgießen und mit Küchenpapier gut abtrocknen. Das Öl in einer Pfanne erhitzen und die Kartoffeln darin unter gelegentlichem Schütteln goldbraun braten. Auf ein Sieb schütten und das Fett abtropfen lassen. Die Butter in der Pfanne erhitzen, die Kartoffelwürfel mit den abgezupften Majoranblättern hineingeben und kurz durchschwenken.

Für die Meerrettichsauce die Brühe aufkochen lassen und die Sahne und das in kleine Stückchen geschnittene Weißbrot dazugeben. Aufkochen lassen, dann von der Kochplatte nehmen und den frisch geriebenen Meerrettich unterrühren. Mit Salz und Pfeffer herzhaft abschmecken.

Das gegarte Lammfleisch in Scheiben schneiden und auf dem Lauchgemüse anrichten. Mit Sauce überziehen und mit Kartoffelwürfeln servieren.

Schuhbecks Tip:

Wenn Sie keine gepökelte Lammschulter bekommen – es schmeckt auch mit ungepökeltem Fleisch – allerdings sollte dann die Kochbrühe mit Salz, Pfefferkörnern, Lorbeerblatt und Suppengrün angereichert werden.

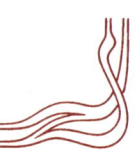

Geeister Espressoschaum

Zutaten:
3 Eigelb
60 g Zucker
4 EL frisch zubereiteter Espresso
oder starker Kaffee
1 TL löslicher Espresso
2 TL Rum
1 Blatt weiße Gelatine
1/8 l Sahne

Zubereitung:
Eigelb und Zucker schaumig schlagen. Kaffee, löslicher Espresso und 1 TL Rum kurz aufkochen lassen. Unter die Eimasse rühren und so lange mit einem Schneebesen schlagen, bis die Masse kalt ist.

Die Gelatine in kaltem Wasser einweichen, gut ausdrücken und mit dem restlichen Rum bei schwacher Hitze auflösen. Vorsichtig mit der Espressomasse vermischen. Im Kühlschrank in etwa 20 Minuten leicht angelieren lassen, dann zwei Drittel der steif geschlagenen Sahne unterheben, den Rest davon aufbewahren.

Den Espressoschaum in Kaffee- oder in Espressotassen füllen, dabei einen schmalen Rand lassen. Kalt stellen. Vor dem Auftragen die restliche Sahne darübergeben und mit ein wenig Kaffeepulver bestäuben.

Schuhbecks Tip:
Am besten schmeckt der Espressoschaum, wenn er eiskalt ist. Etwa 15 Minuten vor dem Servieren in das Tiefkühlgerät stellen.

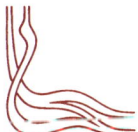

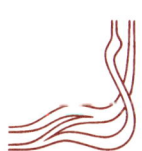

Gazpacho

Rinderfilet mit Kräuter-Markkruste, Bohnengemüse und Kartoffelrösti

Stachelbeergrütze mit Vanillesauce

Aktives Liebeslieben verlangt nach Vitalität. Wer sich überwiegend von Mehlspeisen, Schweinsbraten und Knödeln ernährt und dazu auch noch reichlich Bier trinkt, dem fehlen Mineralstoffe und Vitamine. Die tragische Folge – Lustlosigkeit in jeder Beziehung. Schwere fette Speisen regen nämlich eher die Verdauungsorgane als die lustspendenden Körperteile an.

Stärken Sie sich daher vor einem Liebesabenteuer mit frischem rohem Gemüse. Knackig frisch, püriert und eisgekühlt serviert – wenn das nicht heiß auf Liebe macht! Nach diesem leichtbeschwingten, fitmachenden Auftakt folgt eine weitere überaus rasante Stärkung: saftiges Fleisch für leidenschaftliches Schlemmen.

Anfang dieses Jahrhunderts galten Steaks als das Aphrodisiakum schlechthin – wie viele Rezepte, unter anderem Chateaubriand oder Tournedos, zeigen. Mit blutigen Steaks hoffte man nicht nur die Begierde aufrechtzuerhalten. Eines ist sicher – dieses mit Mark und Kräutern gratinierte Filet ist ein kulinarisches Ereignis, das nicht ohne Folgen bleiben wird.

Die vitaminreiche Stachelbeergrütze verliert, auch durch längeres Kühlstehen, nichts an Aroma – und wird Ihnen »anschließend« sicherlich gut tun…

Fig. 87. Tomate.

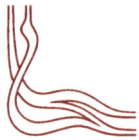

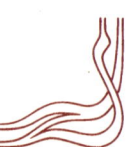

Gazpacho

Zutaten:

1 kleine Freilandgurke (ca. 200 g)
1 vollreife Fleischtomate
1 rote Paprikaschote
1 Eigelb
2 EL Olivenöl
1 EL geschmacksneutrales Öl
1 TL Rotweinessig
Salz, frisch gemahlener Pfeffer
1 kleine Knoblauchzehe
1 kleine Scheibe Weißbrot

Zubereitung:

Gurke schälen, halbieren und entkernen. Am Stielende vorsichtshalber auf Bitterkeit prüfen. Tomate kurz blanchieren, häuten, halbieren und die Kerne mit einem kleinen Löffel herauslösen. Paprikaschoten waschen, Stengelansatz herausschneiden, halbieren und die Kerne entfernen.

Etwa ein Viertel des vorbereiteten Gemüses in kleine Würfel schneiden. Den Rest zusammen im Mixer fein pürieren.

Eigelb, 1 EL Olivenöl, geschmacksneutrales Öl und Essig ebenfalls im Mixer oder mit einem Pürierstab zu einer dicklichen Creme aufschlagen. Das Gemüsepüree hinzufügen und mit Salz und Pfeffer abschmecken. Mindestens 1 Stunde im Kühlschrank kalt stellen.

Das Weißbrot in kleine Würfel schneiden. Das restliche Olivenöl erhitzen und die geschälte Knoblauchzehe darin goldgelb braten. Herausnehmen und die Brotwürfel im knoblauchduftenden Öl knusprig braten.

Die Suppe auf zwei Suppentassen verteilen und mit den Brot- und Gemüsewürfeln bestreut servieren.

Schuhbecks Tip:

Diese kalte Suppe schmeckt nur aus wirklich sonnengereiftem, frischem, aromatischem Gemüse – also nur im Sommer.

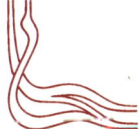

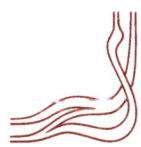

Rinderfilet mit Kräuter-Markkruste, Bohnengemüse und Kartoffelrösti

Zutaten:

1 großer Markknochen
400 g gut abgehangenes Rinderfilet am Stück (aus der Mitte)
20 g Butterschmalz
Salz, frisch gemahlener Pfeffer
frisch geriebene Muskatnuß
1 Bund glatte Petersilie
1/2 Bund Basilikum
1 Knoblauchzehe
3 – 4 EL Semmelbrösel

Für das Bohnengemüse:

250 g junge, grüne Bohnen
30 g Räucherspeck
1 kleine Zwiebel
1 TL Öl
3 – 4 EL Fleischbrühe
1 Zweig Bohnenkraut
Salz, frisch gemahlener Pfeffer

Für die Kartoffelrösti:

250 g festkochende Kartoffeln
Salz, frisch gemahlener Pfeffer
2 EL Öl

Zubereitung:

Den Markknochen für etwa 30 Minuten in kaltes Wasser legen, damit sich das Mark leichter herauslösen läßt und zugleich ein wenig entblutet.

Das Butterschmalz in einem Schmortopf erhitzen und das Filetstück von allen Seiten bei starker Hitze scharf anbraten. Rundherum mit Salz, Pfeffer und Muskat würzen und zugedeckt bei sehr schwacher Hitze 15 Minuten garen lassen.

Inzwischen die Kräuter entstielen und feinhacken. Knoblauch schälen und durch die Knoblauchpresse drücken oder mit der Breitseite eines Messers fein zerquetschen. Die Semmelbrösel und das ausgelöste, in kleine Würfel geschnittene Mark dazugeben. So lange Rühren bis eine streichfähige Paste entsteht. Mit Salz und Pfeffer würzen. Grill oder Backofen auf 250° C schalten.

Von den Bohnen die Enden abknipsen und falls nötig entfädeln. Räucherspeck und die geschälte Zwiebel in kleine Würfel schneiden, im erhitzten Öl anschwitzen. Die gewaschenen, tropfnassen Bohnen und das Bohnenkraut dazugeben, mit Brühe begießen, zugedeckt in 6 – 8 Minuten bißfest garen.

Für die Kartoffelrösti die Kartoffeln schälen und in feine Streifen schneiden. *Das erfordert schon ein wenig Übung und Geschick – wer nicht so geübt ist, reibt die Kartoffeln auf einem Reibeisen.*

Das Öl in einer beschichteten Pfanne erhitzen. Mit einem Teelöffel kleine Plätzchen von der Kartoffelmasse in das Fett setzen. Goldbraun braten, mit einer Palette wenden und die zweite Seite bräunen.

Das Fleisch auf eine feuerfeste Platte setzen, mit der Kräuter-Mark-Paste bestreichen. 3 – 4 Minuten unter dem Grill oder im heißen Backofen überkrusten. Das Gemüse und die Kartoffelplätzchen um das Fleisch anordnen und servieren.

Schuhbecks Tip:

Lassen Sie die dünnen gezüchteten Kenia-Bohnen links liegen! Frische einheimische Stangenbohnen haben wesentlich mehr Geschmack.

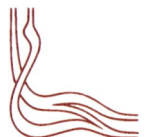

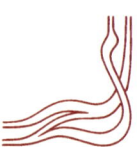

Stachelbeergrütze mit Vanillesauce

Zutaten:
250 g grüne Stachelbeeren
100 g Sago
100 – 120 g Zucker,
je nach Säure der Stachelbeeren
1 Stück unbehandelte Zitronenschale
1 Prise Zimt

Für die Vanillesauce:
1/2 Vanilleschote
5 EL Milch
5 EL Sahne
30 g Zucker
2 Eigelb
2 Minzezweige

Zubereitung:
Stachelbeeren waschen und mit 1 Liter Wasser zum Kochen bringen. Weickkochen und anschließend durch ein Sieb passieren. Den Fruchtsaft erneut erhitzen und den mit etwas Wasser angerührten Sago hinzufügen. Mit Zucker, Zitrone und Zimt würzen und unter Umrühren zu einem dicken Brei kochen.

Entweder eine größere Puddingform oder zwei Förmchen, evtl. eine Herzform, mit kaltem Wasser ausspülen und die Grütze einfüllen. Kalt stellen.

Für die Sauce die Vanilleschote der Länge nach aufschlitzen, das Mark mit einem spitzen Messer herausschaben und in die Milch-Sahne-Mischung geben. Die Vanillemilch erhitzen. Eigelb und Zucker über einem Wasserbad schaumig rühren, die heiße Vanillemilch dazugeben und mit einem Schneebesen so lange schlagen, bis die Sauce dicklich wird. Unter gelegentlichem Rühren abkühlen lassen.

Die Stachelbeergrütze auf Teller stürzen und mit der Sauce umgießen. Mit Minzezweigen garnieren.

Fig. 207. Vanille.

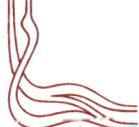

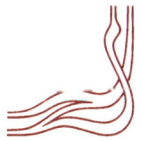

Sommerlicher Salat mit gebratenen Pilzen

Gebratene Scampi auf Artischocken-Tomaten-Gemüse

Aprikosenstrudel mit Vanilleeis

Damit Ihre Verführungskünste mit diesem höchst sommerlich-leichten Liebesmenü auch richtig fruchten, vorweg ein Glas Champagner. Das macht locker und beschwingt. Der appetitanregende Salat mit den lust- und energiespendenden Ingredienzien unterstützt diese Wirkung und bringt selbst größte Langweiler in Schwung.

Die Bitterstoffe des jungen Löwenzahns haben einen gefäßstärkenden Effekt und die frischen Kresseblätter aktivieren die Spannkraft des ganzen Körpers. Sehr wichtig, wenn der Abend nicht rein platonisch verlaufen soll. Aber keine Bange – spätestens nach dem erregenden Hauptgang hat selbst der Temperamentloseste keine Chance zu widerstehen. Bei Scampi und Artischocken stimulieren nicht nur die gesunden Inhaltsstoffe, sondern auch die Art des Essens. Die Blätter der Artischocke Blatt für Blatt zwischen den Zähnen auszusaugen und das weiße zarte Scampifleisch aus der rosa Schale zu brechen – das ist an kulinarischer Erotik kaum zu überbieten.

Sollte Ihr Gast dabei immer über Politik oder den neuesten Börsenstand sprechen – nie wieder einladen! Das wäre wahrhaftig vergebene Liebesmühe…

Fig. 465. Erfurter Dreibrunnenkresse.

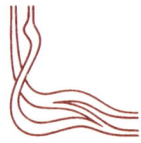

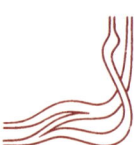

Sommerlicher Salat mit gebratenen Pilzen

Zutaten:
1/2 Kopfsalat
einige junge Löwenzahnblätter
1 Bund Brunnenkresse
1 kleine Möhre
2 kleine Tomaten
100 g Pfifferlinge
50 g kleine Steinpilze
1 Schalotte
20 g Butter
Salz, frisch gemahlener Pfeffer
1 Prise Zucker
1 – 2 EL Rotweinessig
1 TL Balsamessig
3 EL Öl, z. B. Traubenkernöl

Zubereitung:
Die Salatblätter putzen und in mundgerechte Stücke teilen. Waschen und gut abtropfen lassen. Die Möhre schälen und in feine Scheiben oder Streifen schneiden, die Tomaten vierteln. Alle Zutaten in einer Schüssel vermischen.

Die Pilze putzen, größere Exemplare halbieren. Die geschälte Schalotte in kleine Würfel schneiden und in der erhitzten Butter glasig dünsten. Die Pilze dazugeben und kurz mitanschwitzen. Mit Salz und Pfeffer würzen.

Salz, Pfeffer, Zucker und die Essigsorten verrühren, bis sich das Salz gelöst hat, dann unter weiterem Rühren das Öl dazugießen. Die Salatzutaten mit den Vinaigrette anmachen. Den Salat auf zwei große Teller verteilen, mit den gebratenen Pilzen belegen und mit dem entstandenen Bratensaft beträufeln.

Schuhbecks Tip:
Pilze zählen zwar zu den umstrittenen Nahrungsmitteln, gelegentlicher Genuß und – wie hier – in Miniportionen – schaden ihrer Gesundheit sicherlich nicht. Wenn Sie jedoch einen Gesundheitsapostel zum Essen eingeladen haben, ersetzen Sie die Wildpilze durch Zuchtpilze.

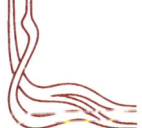

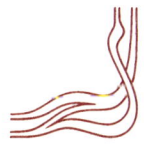

Gebratene Scampi auf Artischocken-Tomaten-Gemüse

Zutaten:

Für das Gemüse:

2 große Tomaten
4 kleine Artischocken
1/2 Zitrone
20 g Butter
1 EL gehackte Basilikumblätter
Salz, frisch gemahlener Pfeffer
1 Prise Zucker
1 EL Olivenöl

Für die Scampi:

8 große Scampi (Langustinenschwänze)
2 EL Olivenöl
1 Knoblauchzehe
Salz, grob gemahlener Pfeffer
Saft einer halben Zitrone

Zubereitung:

Die Tomaten kurz in kochendes Wasser tauchen, häuten, halbieren und entkernen. Das Fruchtfleisch in Würfel schneiden. Die Artischocken entstielen und vierteln, die harten Blattspitzen abschneiden. Das Heu im Innern herauslösen und die Schnittflächen mit Zitrone abreiben.

Die Butter in einem Schmortopf erhitzen und die Tomatenstücke darin anschwitzen. Mit Basilikum, Salz, Pfeffer und etwas Zucker würzen. Die Artischockenviertel im heißen Olivenöl anbraten, mit Salz und Pfeffer würzen und unter die Tomaten mischen. Einige Minuten köcheln lassen.

Die Scampi waschen, den Kopf abtrennen und mit einem scharfen Messer der Länge nach halbieren. Den dunklen Darm am Rücken entfernen. Das Olivenöl in einer großen Pfanne erhitzen und die geschälte, kleingehackte Knoblauchzehe darin goldgelb braten. Die Scampihälften in das Fett geben und bei starker Hitze unter Wenden 2 Minuten scharf anbraten. Die Hitze reduzieren und noch weitere 2 Minuten braten lassen. Mit Zitronensaft beträufeln und auf dem Gemüse anrichten.
Mit knusprigem Weißbrot genießen.

Schuhbecks Tip:

Natürlich sind frische Scampi am feinsten. Notfalls kann man aber auch auf Tiefkühlware zurückgreifen – die Schwänze sollen jedoch unbedingt noch in der Schale sein, nur dann bleiben sie beim Braten herrlich saftig.

Fig. 382. Artischocke.

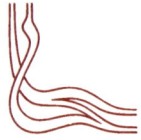

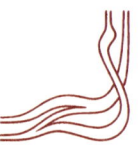

Aprikosenstrudel mit Vanilleeis
(für 4 Portionen)

Zutaten:

Für den Teig:
1/2 Packung fertiger Strudelteig oder:
125 g Mehl
1 Prise Salz
1 Eigelb
1 TL Öl
3 – 4 EL lauwarmes Wasser

Für die Füllung:
500 g Aprikosen
2 EL gehackte Mandeln
2 EL Semmelbrösel
1 Prise gemahlener Zimt
2 – 3 EL Zucker
40 g Butter

Außerdem:
Puderzucker zum Bestäuben
2 Kugeln Vanilleeis

Zubereitung:

Mehl mit Salz auf ein Backbrett häufen, in die Mitte eine Mulde drücken und Eigelb, Öl und Wasser hineingeben. Erst mit einer Gabel etwas verquirlen, dann mit den Händen zu einem glatten Teig verkneten. So lange kneten, bis die Oberfläche glatt und glänzend ist. Mit einer angewärmten Metallschüssel zudecken und etwa 15 Minuten ruhen lassen.

In der Zwischenzeit die Aprikosen halbieren, die Kerne entfernen und die Hälften in längliche Spalten schneiden. Mandeln, Semmelbrösel, Zimt und Zucker vermischen.

Den Teig auf ein Geschirrtuch legen und mit einem Nudelholz rechteckig ausrollen. Dann über den Handrücken hauchdünn ausziehen. Die Teigplatte mit der Bröselmischung bestreuen und mit den Früchten belegen. Mit Hilfe des Tuches von der Längsseite her aufrollen. Die Enden festdrücken und die Rolle auf ein gefettetes Backblech gleiten lassen. Mit flüssiger Butter bestreichen und im 180° C heißen Backofen in etwa 30 – 35 Minuten goldbraun backen. Mit Puderzucker bestäuben.

Ein wenig abkühlen lassen und in Stücke schneiden. Mit fertig gekauftem Vanilleeis servieren.

Schuhbecks Tip:

Wer nicht so große Übung im Backen hat, nimmt fertigen Strudelteig und füllt ihn auf die beschriebene Weise. Die Menge reicht für 4 Personen. Was übrig bleibt, schmeckt auch am nächsten Tag noch gut. Oder frieren Sie den Rest für einen anderen lieben Gast ein.

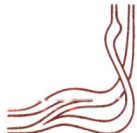

Roh marinierte Rindfleischroulade mit Kräutern

Gröstl von Krebsen und Kartoffeln

Angemachter Ziegenfrischkäse mit Honig-Pfeffer-Dressing

Von rohem Fleisch geht eine ungemein sinnliche Kraft aus – allerdings nicht für Vegetarier. Deshalb: aufpassen bei der Einladung, damit diese Vorspeise nicht zu einem Schock führt. Denn nur leidenschaftliche Schlemmer und fleischfressende Pflanzen wird diese Abwandlung des Carpaccios in Entzücken versetzen. Rohes Fleisch heizt die Lebenskräfte an und, wie es im Volksmund heißt – Petersilie hilft dem Mann aufs Pferd. Deshalb gab man im alten Rom den Gladiatoren vor dem Kampf eine ordentliche Portion Petersilie – das sollte den Mut und die Kraft des Bizeps verdoppeln. Ob die kleine Dosis Petersilie dazu ausreicht, daß Ihr Geliebter Sie nun locker auf Händen tragen kann, wage ich zu bezweifeln. Wenn selbst die eiweißreichen, erotischen Flußkrebse nichts bewirken, können Sie eigentlich nur noch auf den Nachtisch hoffen, den Sie möglichst bald servieren sollten. Honig heißt das Zauberwort, auf dessen magische Kraft schon im Lehrbuch der Liebeskunst aus dem 4. Jahrhundert hingewiesen wird. Das klebrige Süßungsmittel soll die Sinne erregen und unglaubliche Lust erzeugen. Probieren, probieren…; man darf nichts unversucht lassen!

Fig. 22. Petersilie.

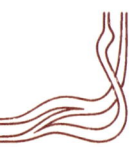

Roh marinierte Rindfleischroulade mit Kräutern

Zutaten:

1 dicke Scheibe gut abgehangene Rinderlende (ca. 180 g)
1/2 Bund Petersilie
1 kleine Knoblauchzehe
2 – 3 Pinienkerne
2 EL kaltgepreßtes Olivenöl
frisch gemahlener Pfeffer
etwas Zitronensaft
Salz

Zubereitung:

Die Lende am besten gleich vom Metzger der Länge nach einschneiden, aber nicht durchschneiden lassen. Mit den Händen flach auseinanderdrücken. In einen Gefrierbeutel geben und mit der glatten Seite eines Fleischklopfers oder mit einem breiten Messer ganz flach klopfen.

Petersilienblätter von den Stielen zupfen, die geschälte Knoblauchzehe grob hacken und mit den Pinienkernen in einem Mörser fein zerstoßen. *Wenn Sie keinen Mörser haben – es geht auch mit der Breitseite eines großen Messers.*

Die Mischung mit 1 EL Öl zu einer Paste verrühren, auf die Fleischscheibe streichen und von der Längsseite her aufrollen. Mit Sichtfolie umhüllt für etwa 1 – 2 Stunden in das Tiefkühlgerät legen. Kurz vor dem Auftragen die Fleischrolle mit einem sehr scharfen Messer oder, noch besser, mit Hilfe einer Aufschnittmaschine in hauchdünne Scheiben schneiden. Auf zwei Tellern rosettenförmig anrichten. Das restliche Öl mit Pfeffer, Zitronensaft und Salz verrühren und das Fleisch damit beträufeln. Knuspriges Weißbrot dazu reichen.

Schuhbecks Tip:

Die rohe Rinderroulade ist ein Thema mit Variationen – man kann sie mit fast allen beliebigen Kräutern – einzeln oder gemischt, je nach Gusto – füllen.

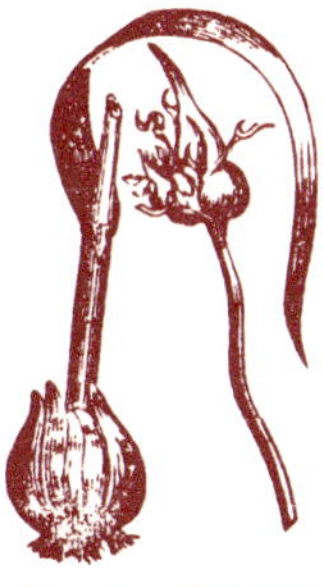

Fig. 18. Knoblauch.

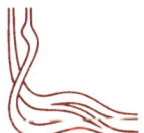

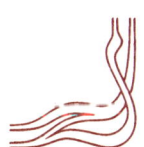

Gröstl von Krebsen und Kartoffeln

Zutaten:
16 frische Bach- oder Flußkrebse
Salz
400 g kleine, festkochende Kartoffeln
1 Prise gemahlener Kümmel
etwa 3 cm von einer Lauchstange
1 Stange Staudensellerie
1 Schalotte
1 Tomate
3 EL Öl
1/2 TL Tomatenmark
1 TL Weinbrand
1/8 l Fischfond aus dem Glas
2 EL trockener Weißwein
3 EL Sahne
frisch gemahlener Pfeffer
1 EL gehackte Petersilie

Zubereitung:
Die Krebse in reichlich sprudelndem Salzwasser 2 – 3 Minuten kochen lassen. Mit einem Schaumlöffel herausheben, Schwänze und Scheren ausbrechen, den Darm mit Hilfe eines spitzen Messers entfernen und die Krebsnasen auswaschen.

Kartoffeln waschen und in Salzwasser mit dem Kümmel in etwa 15 – 20 Minuten gar kochen. Lauch, Selleriestange und die geschälte Schalotte in kleine Würfel schneiden. Die Tomate häuten, halbieren, entkernen und ebenfalls würfeln.

1 EL Öl in einem Topf erhitzen und das Gemüse bis auf die Tomaten darin anschwitzen. Die Krebsnasen und -schalen dazugeben, leicht anrösten und das Tomatenmark sowie die Tomaten dazugeben. Mit Weinbrand ablöschen und mit Fischbrühe und Wein aufgießen. Etwa 20 Minuten köcheln lassen. Zum Schluß die Sahne untermischen und die Sauce durch ein Sieb gießen. Den Krebsfond mit einem Pürierstab kurz aufmixen, mit Salz und Pfeffer würzig abschmecken und die Krebsschwänze und Scherenteile hineingeben. Kurz darin erwärmen.

Das restliche Öl in einer Pfanne erhitzen und die geschälten und halbierten Kartoffeln goldbraun braten. Mit Salz, Pfeffer und etwas gemahlenem Kümmel abschmecken.

Die gerösteten Kartoffeln auf zwei tiefe Teller verteilen, die Krebsschwänze und die Scherenteile darauf verteilen. Die Sauce noch einmal kurz aufmixen, einen Teil darüber verteilen, den Rest getrennt dazu reichen. Mit frisch gehackter Petersilie bestreuen.

Schuhbecks Tip:
Heimische Flußkrebse gibt es heute leider sehr selten und wenn, dann sind sie unverhältnismäßig teuer. Wenn es Ihnen der (die) Geliebte wert ist, dann greifen Sie ruhig mal tiefer in die Tasche und gönnen Sie sich diese Köstlichkeit. Das genußvolle Gericht stimuliert garantiert.

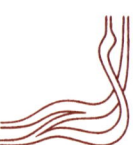

Angemachter Ziegenfrischkäse mit Honig-Pfeffer-Dressing

Zutaten:
125 g Ziegenfrischkäse
2 – 3 EL Sahne
Salz, frisch gemahlener weißer Pfeffer
frisch geriebene Muskatnuß
Cayennepfeffer
1 EL feingeschnittener Schnittlauch

Für das Dressing:
1 EL aromatischer Waldtannenhonig
1 TL Balsamessig
1 TL Zitronensaft
1 TL Öl, z. B. Traubenkernöl
1 TL grob geschroteter rosa Pfeffer
100 g blaue und weiße Trauben

Zubereitung:

Ziegenkäse mit der Sahne zu einer cremigen Masse verrühren. Mit Salz, Pfeffer, Muskat und Cayennepfeffer würzig abschmecken und zum Schluß den Schnittlauch untermischen.

Honig, Balsamessig, Zitronensaft und Öl gut verquirlen und den rosa Pfeffer untermischen. Die Trauben waschen, vierteln und entkernen und mit der Marinade vermischen.

Auf zwei Tellern in die Mitte den Ziegenkäse häufen und mit dem marinierten Traubensalat umkränzen.

Schuhbecks Tip:

Man kann die Trauben durch Aprikosen, Kirschen oder Zwetschgen ersetzen. Eventuell mit Walnüssen garnieren.

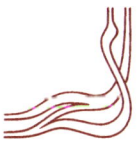

Fig. 20. Schnittlauch.

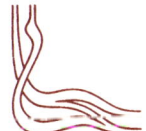

Geeiste Melonenkaltschale mit Minze

Kalbfleisch mit Wurzelgemüse, Meerrettichsauce und Kartoffeln

Topfennockerl mit Aprikosenkompott

Das saftstrotzende Fruchtfleisch reifer Melonen ist herrlich erfrischend und dabei so kalorienarm, daß es nur noch vom Mineralwasser überboten werden kannn. Wenn es richtig heiß ist, gibt es nichts Erquickenderes als diese eisgekühlte Fruchtsuppe, die reichlich Carotin und eine Menge fitmachender Mineralstoffe enthält. Das Tüpfelchen auf dem »i« ist jedoch die frische Minze. Schon arabische Liebhaber waren von der potenzsteigernden Wirkung dieses würzigen Krautes überzeugt, und heute noch wird es als Naturheilmittel gegen sexuelle Unlust eingesetzt. Falls sich nach dem Genuß der Minze auf der Kaltschale, dem vielen Wurzelgemüse beim Hauptgericht und der weiblichsten aller Früchte, der Aprikose, beim Dessert noch immer keine erotische Atmosphäre entwickelt hat, dann hilft eigentlich nur noch ein gemeinsames Bad, angereichert mit einem aromatischen Pfefferminzauszug. Sollten sich selbst jetzt immer noch keine lüsternden Gedanken einstellen, dann bin auch ich mit meinem Latein am Ende.

Fig. 550. Zerlegte Melone.

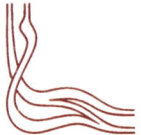

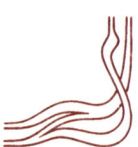

Geeiste Melonenkaltschale mit Minze

Zutaten:
1 Ogenmelone von etwa 1 kg
30 – 40 g Zucker
1/2 Zitrone
einige Blätter Minze
evtl. etwas halbtrockener Weißwein

Zubereitung:
Die Melone quer halbieren, entkernen und das Fruchtfleisch mit einem Löffel herauslösen. Etwa ein Viertel davon in kleine Würfel schneiden, den Rest mit Zucker bestreuen und mit Zitronensaft im Mixer fein pürieren.

In eine Schüssel gießen und, falls die Masse zu dickflüssig ist, mit etwas nicht zu trockenem Wein verdünnen. Zugedeckt einige Stunden in den Kühlschrank stellen.

In zwei Suppenteller füllen und mit den Melonenwürfeln und den streifig geschnittenen Minzeblättern bestreut servieren.

Schuhbecks Tip:
Reizvoll sieht es auch aus, wenn man die Melonenkaltschale in die ausgehöhlten kleinen Ogenmelonenhälften füllt. Schön kalt bleibt die Suppe, wenn man die Hälften vorher einfriert.

Fig. 262. Minze.

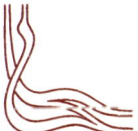

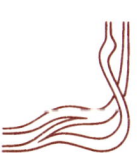

Kalbfleisch mit Wurzelgemüse, Meerrettichsauce und Kartoffeln

Zutaten:
400 g Kalbsnuß,
in 1/2 cm dicke Scheiben geschnitten
1 Bund gemischte Kräuter,
z. B. Petersilie, Basilikum,
Kerbel, Liebstöckel und Schnittlauch
2 Möhren
1 kleine Stange Lauch
1/4 Sellerieknolle
1 große Petersilienwurzel
1 l gute Fleischbrühe
1 TL Zucker
5 – 6 EL Weinessig
Salz
2 – 3 Wacholderbeeren
30 g kalte Butter
2 EL frisch geriebener Meerrettich
1/2 Bund Schnittlauch

Außerdem:
400 g mehligkochende Kartoffel

Zubereitung:
Die Fleischscheiben von beiden Seiten leicht klopfen und in eine halbhohe Form geben. Kräuter kurz waschen und hacken. Gemüse waschen, schälen und die Hälfte davon in kleine Würfel, die andere Hälfte in feine Streifen schneiden. Die Gemüsewürfel mit den Kräutern über das Fleisch streuen, die Streifen in einen Plastikbeutel für den nächsten Tag aufbewahren.

Die Brühe mit Zucker, Essig, Salz und Wacholderbeeren aufkochen und über das Fleisch gießen. Mit Folie bedeckt 1 Tag kühl stellen.

Die Kartoffeln in der Schale gar kochen.

Die Fleischscheiben herausnehmen. Einen Teil der Gemüsebrühe abnehmen und die vorbereiteten Gemüsestreifen darin gar kochen. Anschließend die Fleischscheiben dazugeben und erwärmen, aber nicht kochen.

Die Marinade im offenen Topf etwa um ein Drittel einkochen lassen. Mit dem Pürierstab aufmixen, von der Kochplatte nehmen und die kalte Butter in kleinen Flöckchen untermixen. Zum Schluß den Meerrettich hinzufügen.

Das Fleisch mit dem Gemüse auf zwei vorgewärmten Tellern anrichten und mit der Sauce überziehen. Die Pellkartoffeln dazureichen und mit feingeschnittenem Schnittlauch bestreuen.

Schuhbecks Tip:
Sobald der Meerrettich in der Sauce ist, nicht mehr kochen lassen, da er sonst viel von der aromatischen Schärfe einbüßt.

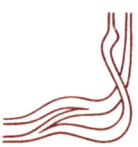

Topfennockerl mit Aprikosenkompott

Zutaten:
Für das Kompott:
250 g vollreife Aprikosen
1/8 l halbtrockener Weißwein
1 Stückchen unbehandelte Zitronenschale
1 – 2 EL Zucker
1 EL Zitronensaft
1 EL Aprikosenbrand

Für die Nockerl:
25 g Butter
1 EL Zucker
1 TL Vanillezucker
1 großes Ei
250 g Topfen (Magerquark)
50 g Zwiebackbrösel,
ersatzweise Semmelbrösel

Außerdem:
20 g Butter
2 EL Semmelbrösel
1 TL Zucker
etwas gemahlener Zimt

Zubereitung:
Die Aprikosen waschen, halbieren und entkernen. Wein mit Zitronenschale und Zucker zum Kochen bringen. Die Früchte hineingeben, kurz aufkochen lassen, dann bei abgeschalteter Kochplatte noch etwa 4 – 5 Minuten ziehen lassen. Das Kompott mit Zitronensaft und Aprikosenbrand abschmecken und kalt stellen.

Für die Topfenknödel die weiche Butter mit Zucker und Vanillezucker sahnig rühren. Erst das Ei und zum Schluß abwechselnd Topfen und Brösel dazugeben. *Am zartesten schmecken die Knödel natürlich mit frisch geriebenen Zwiebackbrösel. In einem Mixer sind die Brösel in Nu gerieben.*

In einem breiten Kochtopf reichlich Salzwasser zum Kochen bringen. Aus der Topfenmasse mit zwei nassen Eßlöffeln Nockerl formen und in das kochende Wasser legen. Kurz aufkochen, dann bei schwacher Hitze etwa 6 – 8 Minuten ziehen lassen. *Das Wasser darf dabei auf keinen Fall kochen, sonst können Sie anschließend eine Topfensuppe löffeln.*

Inzwischen die Butter in einer Pfanne zerlassen und die Brösel, Zucker und Zimt darin goldbraun rösten. Die Nockerl mit einem Schaumlöffel herausheben und gut abgetropft in der Brösel-Zimt-Mischung wenden. Auf zwei Teller verteilen und mit dem gut gekühlten Aprikosenkompott servieren.

Schuhbecks Tip:
Dazu schmeckt vorzüglich ein edelsüßer Dessertwein, eventuell eine Trockenbeerenauslese vom Neusiedlersee, passend zu der österreichischen Mehlspeise.

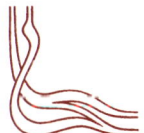

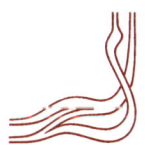

Gefüllte Kürbisblüten mit Tomaten-Zucchini-Sauce

Seezunge mit abgeschmolzenem Broccoli und Maisplätzchen

Tiramisu

Blumen beflügeln die Liebe – weswegen Kleopatra auch allzugerne knöcheltief in Rosenblättern watete. Blumen spielen auch bei diesem Menü eine wesentliche Rolle. Die gefüllten Zucchiniblüten sind allein optisch schon ein erotischer Leckerbissen.
Damit Sie aber das Menü dennoch nicht umsonst gekocht haben, würzen Sie die verführerischen Blüten mit reichlich Thymian – der entspannt, beruhigt und stärkt zugleich das Herz.
Zur leichtbekömmlichen Seezunge gibt es dann nochmal ein blumiges Gemüse – Broccoli. Das blumenkohlähnliche Gemüse ist beileibe keine Neuzüchtung auf dem Gemüsemarkt – schon die alten Römer bauten den »Spargelkohl« in deutschen Landen an. Lange Zeit hat man das hübsche, mineralstoffreiche Gemüse völlig vergessen, bis es – dem Tourismus sei Dank – wiederentdeckt wurde. Die grasgrünen Röschen sind nicht nur attraktiv, sondern auch leichtbekömmlich und zusammen mit gerösteten Mandeln unschlagbar, wenn es darum geht, die Begierde zu wecken. Unterstützen Sie das eigenwillige Blumenmenü mit einem ungewöhnlichen, blühenden Tischschmuck. Wie wär's mit einem Arrangement aus Zucchini-, Rosmarin-, Thymian- und Beifußblüten? Plündern Sie einfach Ihren Kräutergarten, der jetzt im Sommer voll in Blüte steht, und machen Sie einen hübschen Strauß daraus. Blühende Kräuter sehen nämlich nicht nur sehr anmutig aus, sie verbreiten vor allem einen bezaubernden, anregenden Duft, der in romantische Stimmung versetzt.
Nach dem italienischen Dessert, das übersetzt »Zieh mich hoch« heißt, dürfte eigentlich alles paletti sein…

Fig. 25. Thymian.

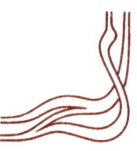

Gefüllte Kürbisblüten mit Tomaten-Zucchini-Sauce

Zutaten:

6 schöne Kürbisblüten
2 Fleischtomaten
1 kleiner Zucchino
1 kleine Knoblauchzehe
20 g Butter
1 Thymianzweig
3 – 4 Basilikumblätter
Salz, frisch gemahlener Pfeffer
1 Prise Zucker
1 EL gekochte Perlgraupen oder Reis

Zubereitung:

Die Blüten waschen, gut abtropfen lassen und Stielansätze entfernen. Tomaten kurz in kochendes Wasser tauchen, häuten, halbieren und entkernen. Das Fruchtfleisch sowie den Zucchino in kleine Würfel schneiden. Die geschälte Knoblauchzehe feinhacken.

10 g Butter in einer Pfanne erhitzen und Zucchiniwürfel und Knoblauch darin anschwitzen. Mit Thymian bestreuen und mit Salz, Pfeffer und Zucker würzen. Die Tomatenwürfel in der restlichen Butter andünsten, feingehackte Basilikumblätter dazugeben und ebenfalls würzen.

1 EL von den Tomaten sowie die Graupen, bzw. den Reis mit den Zucchiniwürfeln vermischen und die Blüten damit füllen. Die Blütenblätter an der Spitze gut zusammendrücken. In einen Topf mit Dämpfeinsatz oder mit einem Gitter zweifingerbreit Wasser füllen und die Kürbisblüten auf den Einsatz legen. Über Dampf 8 – 10 Minuten garen.

Auf zwei Teller verteilen und mit der Tomatensauce begießen.

Schuhbecks Tip:

Zucchiniblüten gibt es im Hochsommer mittlerweile auch bei uns in guten Gemüsefachgeschäften. Glücklich der, der Zucchini im eigenen Garten hat und etwa ab Juli die frischen Blüten ernten kann.

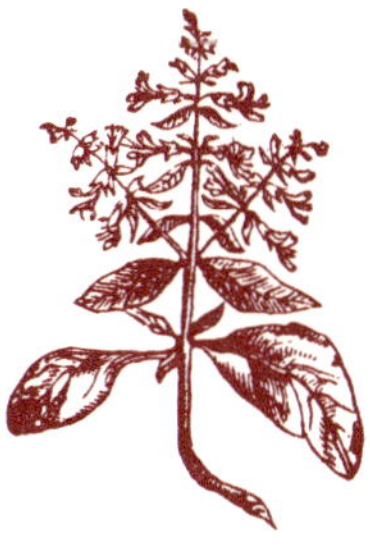

Fig. 24. Basilikum.

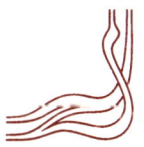

Seezunge mit abgeschmolzenem Broccoli und Maisplätzchen

Zutaten:

Für die gebratenen Seezungen:
8 kleine Seezungenfilets (ca. 400 g)
Salz, frisch gemahlener Pfeffer
etwas Mehl
Öl zum Braten

Für das Gemüse:
1 Kopf Broccoli
Salz
30 g Butter
1 EL Mandeln

Für die Maisplätzchen:
250 g mehligkochende Kartoffeln
1 kleines Ei
1 – 2 EL Sahne
2 EL Maiskörner aus der Dose
10 g Butter
Salz, frisch gemahlener Pfeffer
frisch geriebene Muskatnuß
1 EL feingehackte Petersilie
Öl zum Braten

Zubereitung:

Die Seezungenfilets waschen, trockentupfen und mit Salz und Pfeffer würzen. In Mehl wenden, überschüssiges Mehl gut abklopfen.

Den Broccoli waschen, in einzelne Röschen zerlegen und in kochendem Salzwasser einige Minuten blanchieren. Anschließend in eiskaltem Wasser abschrecken.

Für die Maisplätzchen die Kartoffeln schälen, vierteln und in wenig Salzwasser gar kochen. Das Kochwasser abgießen, die Kartoffeln gut abdampfen lassen und durch die Kartoffelpresse drücken. *Wer keine Kartoffelpresse besitzt, drückt die heißen Kartoffeln durch ein nicht zu feines Sieb.* Ei und Sahne dazugeben und miteinander verrühren.

Die Maiskörner in der heißen Butter kurz erhitzen und unter die Kartoffelmasse mischen. Mit Salz, Pfeffer und Muskat würzen. Öl in einer beschichteten Pfanne erhitzen und mit einem Eßlöffel etwas vom Kartoffelteig hineinsetzen. Mit dem Löffelrücken flachdrücken und von beiden Seiten goldbraun braten lassen. Im heißen Backofen warmhalten, bis alles fertig ist.

Die Seezungenfilets ebenfalls in einer beschichteten Pfanne im heißen Öl in wenigen Minuten von beiden Seiten goldbraun braten.

Die Broccoliröschen in der heißen Butter kurz durchschwenken, dann herausnehmen und warmhalten. Die Mandeln in das Bratfett geben und goldbraun rösten.

Die Seezungenfilets auf einer Platte anrichten, mit den Broccoliröschen umkränzen und diese mit Mandeln bestreuen. Die Maisplätzchen separat dazu reichen.

Schuhbecks Tip:

Broccoli weist einen für Pflanzen erheblichen Gehalt an Eiweiß auf. Der Eisengehalt liegt sogar höher als bei Spinat. Außerdem ist das Gemüse ausgesprochen leicht verdaulich – also wie geschaffen für ein Liebesmenü.

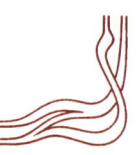

Tiramisu

Zutaten:
6 Löffelbiskuits
2 Eigelb
40 g Puderzucker
100 g Mascarpone
1 EL Marsala
1 TL Rum
2 Eiweiß
2 EL Zucker
2 EL geschlagene Sahne
6 EL frisch gekochter Espresso
2 EL Rum
Kakaopulver zum Bestäuben

Zubereitung:
Eigelb und Puderzucker schaumig schlagen. *Am besten geht das in einer Metall-Schlagschüssel mit rundem Boden.* Nach und nach den Mascarpone, Marsala und Rum unterrühren.

Eiweiß steif schlagen und dabei langsam den Zucker einrieseln lassen. So lange schlagen, bis die Baisermasse schnittfest und glänzend ist. Langsam schlagen, damit möglichst viel Luft in den Eischnee kommt. Eischnee und die geschlagene Sahne vorsichtig unter die Mascarponemasse heben.

Zwei Förmchen mit der Hälfte der Löffelbiskuits auslegen, mit der Hälfte der Mischung aus Espresso und Rum beträufeln und mit der Hälfte der Creme bedecken. Die restlichen Biskuits darauf anordnen, erneut tränken und mit der Cremeschicht bedecken. Die Oberfläche glattstreichen und die Desserts mindestens 4 Stunden kalt stellen. Vor dem Servieren dick mit Kakaopulver besieben.

Schuhbecks Tip:
Legen Sie für den heutigen Anlaß ein Papierherz auf die glatte Oberfläche, bevor Sie den Kakao darübersieben. Anschließend mit einer Pinzette das Papier vorsichtig abheben, und schon sieht das Dessert noch liebevoller aus.

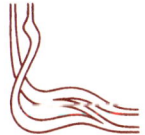

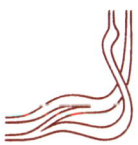

Tomatensuppe mit Käse-Croutons

Fischpflanzerl mit Schnittlauchsauce und Kartoffel-Radieschen-Salat

Heidelbeerpfannkuchen mit Vanilleeis

Ein Mahl, das mit »Liebesäpfeln« beginnt, kann eigentlich nur leidenschaftlich enden. 300 Jahre blühte und reifte die Tomate bei uns in Europa nur als Zierpflanze, bis man auf den Geschmack kam. Als einige zu spüren glaubten, daß die prall-roten Früchte die Liebeskraft erheblich stärken, wurde der »Liebesapfel« kurzerhand zur »Satanspflanze« erklärt. Heute gibt es glücklicherweise keinerlei Verbote oder Probleme mit der Wunderwirkung der wohlschmeckenden Tomate. Fest steht jedenfalls: sonnengereifte Früchte sind randvoll mit Vitaminen (A, D, C und E), und der Mineralstoffgehalt ist enorm. Die vielen ätherischen Öle, Hormone und Säuren sind unumstritten ein positiver Beitrag zu einer Liebesnacht.

Das nützt aber alles nichts, wenn Ihre Aufmachung nicht stimmt. Also – ein sexy Kleid aus dem Schrank holen, und Sie – verehrte Herren – nicht unbedingt im Trainingsanzug am Tisch erscheinen! Eine Flasche Schampus öffnen, Kerzen anzünden, und nun die verführerisch lockeren, powerbringenden Fischpflanzerl genießerisch verspeisen.

Übrigens – es ist nicht nur ein Mahl für bayerische Liebespaare – die köstlichen Fischbuletten verfehlen auch bei den Nordlichtern ihre lustbringende Wirkung nicht.

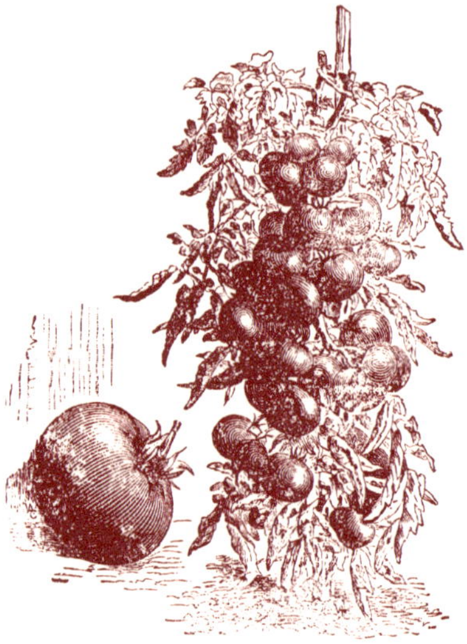

Fig. 290. Tomate.

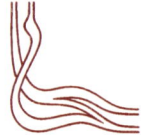

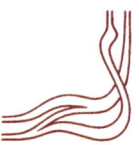

Tomatensuppe mit Käsecroutons

Zutaten:
500 g möglichst überreife Tomaten
1 kleine Zwiebel
1 kleine Knoblauchzehe
3 EL Olivenöl
1 Thymianzweig
1 Prise Zucker
Salz, frisch gemahlener Pfeffer
3 – 4 EL Sahne
einige Basilikumblätter
1/2 Scheibe Toastbrot
1 EL frisch geriebener Parmesan

Zubereitung:
Tomaten waschen, vierteln und dabei die Stengelansätze entfernen. Zwiebel und Knoblauchzehe schälen und in kleine Stücke schneiden.

2 EL Olivenöl erhitzen und Zwiebel und Knoblauch darin anschwitzen. Tomaten und Thymian dazugeben und mit Zucker, Salz und Pfeffer würzen. Zugedeckt etwa 10 Minuten bei mittlerer Hitze köcheln lassen.

Den Thymianzweig herausfischen und die Suppe mit einem Pürierstab oder im Mixer fein pürieren. Anschließend durch ein Sieb passieren, die Sahne dazugießen und evtl. nachwürzen. Vor dem Servieren noch einmal mit dem Pürierstab aufschäumen.

Das Toastbrot in Mini-Würfel schneiden, im restlichen Olivenöl goldbraun und knusprig braten. Mit Parmesan bestreuen und noch kurz durchschwenken.

Die Suppe mit den Croutons und Basilikumblättern anrichten.

Schuhbecks Tip:
Die Suppe schmeckt unvergleichlich aus süßen überreifen Tomaten – aus Treibhaustomaten zubereitet, wäre es schade um die Mühe.

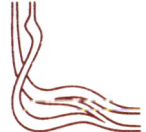

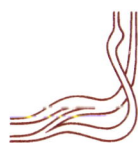

Fischpflanzerl mit Schnittlauchsauce und Kartoffel-Radieschen-Salat

Zutaten:

1 altbackenes Brötchen
250 g Fischfilet von Hecht, Zander oder auch von schmackhaften Meeresfischen
1 Schalotte
1 TL Öl
1 EL gehackte Petersilie
1 TL abgezupfte Kerbelblätter
1 kleine Möhre
1 kleiner Zucchino
4 cm von einer Lauchstange
Salz, frisch gemahlener weißer Pfeffer
4 EL trockener Weißwein
1 kleines Ei
etwas abgeriebene Schale einer unbehandelten Zitrone
Öl zum Braten

Für die Schnittlauchsauce:

5 EL Buttermilch
1 EL Sahne
1 Bund Schnittlauch
Salz, frisch gemahlener Pfeffer
Saft einer halben Zitrone

Für den Kartoffel-Radieschen-Salat:

400 g festkochende Kartoffeln
1 Scheibe Räucherspeck
1 kleine Zwiebel
3 EL Öl
etwas 1/8 l Fleischbrühe
1 – 2 EL Weißweinessig
Salz, frisch gemahlener Pfeffer
1 Bund Radieschen

Zubereitung:

Das Brötchen in kaltem Wasser einweichen, ausdrücken und mit dem in grobe Würfel geschnittenen Fischfilet nicht zu fein zerkleinern oder durch die grobe Scheibe des Fleischwolfes drehen.

Zwiebel schälen und in kleine Würfel geschnitten im heißen Öl glasig dünsten. Petersilie und Kerbel dazugeben und kurz mit anschwitzen. Möhre, Zucchino und Lauch waschen, putzen und in winzige Würfel schneiden. In kochendem Salzwasser kurz blanchieren, auf ein Sieb schütten und kalt abbrausen. Weißwein in einem kleinen Topf auf einen Löffel einkochen lassen.

Brötchen-Fisch-Mischung, Zwiebel-Kräuter-Mischung, Gemüsewürfel und Wein gründlich miteinander verkneten und mit Salz, Pfeffer und Zitronenschale herzhaft abschmecken. Mit nassen Händen 4 runde Plätzchen formen und etwa 1 Stunde kalt stellen.

In der Zwischenzeit Buttermilch und Sahne verquirlen und den fein geschnittenen Schnittlauch untermischen. Mit Salz, Pfeffer und Zitronensaft würzig abschmecken.

Die Kartoffeln in etwa 20 Minuten gar kochen, abgießen und schälen. Etwas abkühlen lassen, dann in dünne Scheiben schneiden. Den Räucherspeck und die geschälte Zwiebel in kleine Würfel schneiden und mit 1 EL Öl glasig dünsten. Über die Kartoffelscheiben geben. Brühe mit Öl, Essig, Salz und Pfeffer erhitzen und den Salat damit übergießen. Vorsichtig mischen und zum Schluß die in Scheiben geschnittenen Radieschen unterheben.

Die Fischpflanzerl im heißen Öl von beiden Seiten goldbraun braten und mit dem Salat und der Sauce anrichten.

Schuhbecks Tip:

Kartoffelsalat ist an heißen Sommertagen ein Hochgenuß, allerdings nur frisch zubereitet.

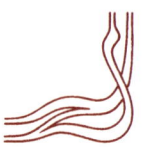

Heidelbeerpfannkuchen mit Vanilleeis

Zutaten:
60 g Mehl
1 Prise Salz
1 Ei
4 – 5 EL Milch
1 EL flüssige Butter
20 g Butterschmalz
100 g Waldheidelbeeren
ca. 1 EL Vanillezucker
4 kleine Kugeln Vanilleeis,
fertig gekauft

Zubereitung:
Mehl, Salz, Ei, Milch und flüssige Butter zu einem glatten flüssigen Teig verquirlen und mindestens 15 Minuten quellen lassen.
Den Backofen auf 180° C vorheizen.

In eine große beschichtete Pfanne die Hälfte des Butterschmalzes geben, den Teig einlaufen lassen und bei mittlerer Hitze braten lassen, bis der Boden fest ist. Die Heidelbeeren gleichmäßig darauf verteilen und die Pfanne einige Minuten in den heißen Backofen stellen, bis die Oberfläche erstarrt ist. Den Eierkuchen mit Hilfe eines Deckels oder großen Tellers wenden, das restliche Butterschmalz dazugeben und auch diese Seite bräunen.

Auf eine große runde Platte stürzen, mit Vanillezucker bestreuen und 4 kleine Kugeln Vanilleeis in die Mitte geben. Sofort servieren.

Fig. 73. Blaubeere oder Heidelbeere.

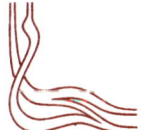

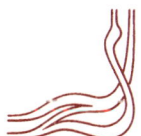

Herbst

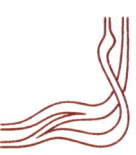

Marinierte und gebratene Renke auf Bohnensalat

Mit Schwammerl gefüllte Kalbsschnitzel und Tomaten-Lauch-Gemüse

Zwetschgen im Strudelsackerl auf Zwetschgensauce

Die Geschichte zeigt, daß Liebende sich schon immer gerne mit einem geheimnisvollen Liebestrank in Stimmung gebracht haben. Arabische Liebesnächte wurden bevorzugt mit einem Drink aus Kamelmilch, Honig und Datteln angeheizt, auf den Westindischen Inseln braute man ein anregendes Getränk aus der Rinde eines bestimmten Baumes, und Ludwig XIV. soll eine liebessteigernde Mixtur aus Ingwer, Kardamom, Zimt, Honig und frischen Früchten geholfen haben. Sie können es natürlich mit einem Glas Champagner versuchen, aber mit einem selbstgemixten Zaubertrank erzielen sie sicherlich einen größeren Erfolg. Bedenken Sie aber dabei, daß Alkohol zwar Hemmungen löst und Lust weckt, zu viel des Guten jedoch genau das Gegenteil bewirkt, wie es Shakespeare so treffend ausdrückt: »Er fördert das Verlangen und dämpft das Tun.«
Setzen sie also auf die stärkende Wirkung der Kokosmilch, das unglaublich stimulierende Aroma der Ananas und auf eine nur klitzekleine Menge weißen Rum, und Sie werden sehen: Mit diesem vitaminreichen Kraftspender kommen beide in die gewünschte Liebeslaune. Wenn dananch überhaupt noch eine Steigerung der Begierde möglich ist, schafft es garantiert das vorgeschlagene Menü – ganz speziell – die nussige Füllung des Zwetschgendesserts.

Aperitif »Südseetraum«

Pro Glas:
5 cl Kokosmilch
2 EL pürierte frische Ananas
2 cl frisch gepreßter Limettensaft
1 cl weißer Rum
2 Minzezweige

Die Zutaten im Shaker mit Eiswürfeln mixen und über zerstoßenem Eis in einem attraktiven Glas servieren. Mit einer Viertelscheibe Ananas und je einem Minzeblatt verzieren.

Marinierte und gebratene Renke auf Bohnensalat

Zutaten:
2 ausgelöste Filets einer etwa 300 g schweren Renke
1 TL grobkörniger Senf
1 EL Sahne
5 EL Fleischbrühe
Saft von einer halben Zitrone
Salz, frisch gemahlener Pfeffer
Öl zum Braten

Für den Salat:
200 g Stangen- oder Wachsbohnen (oder gemischt)
1 Schalotte
1 EL Rotweinessig
Salz, frisch gemahlener Pfeffer
2 EL Öl
1 TL feingehacktes Bohnenkraut

Zubereitung:
Die Renke am besten gleich beim Fischhändler filetieren lassen, dabei die Haut dranlassen. Die Filets waschen und gut abtrocknen. Senf, Sahne, Brühe und Zitronensaft aufkochen, mit Salz und Pfeffer würzen und abgekühlt über die Fischfilets gießen. Mit Sichtfolie bedeckt über Nacht im Kühlschrank marinieren.

Für den Salat von den Bohnen die Enden abknipsen und die Bohnen, falls nötig, entfädeln. In Stücke schneiden und im Salzwasser etwa 2 Minuten blanchieren. Anschließend sofort in eisgekühltem Wasser abschrecken. *Dieser Kälteschock ist bei allen Gemüsesorten notwendig, die das appetitliche Grün bewahren sollen.*

Die Schalotte schälen, in kleine Würfel schneiden und in 1 TL erhitztem Öl glasig dünsten.

Essig, Salz, Pfeffer, Öl und die Schalottenwürfel in einer Schüssel verrühren. Die Bohnen sowie das feingehackte Bohnenkraut dazugeben und gut durchmischen. Mindestens 15 Minuten durchziehen lassen.

Die Renkenfilets mit Küchenpapier abtrocknen und in heißem Öl auf der Hautseite ca. 2 Minuten bei starker Hitze knusprig braten. Die Marinade mit einem Pürierstab oder mit einem kleinen Schneebesen aufschlagen. Die gebratenen Renkenfilets auf dem Bohnensalat anrichten und mit der Marinade beträufeln.

Schuhbecks Tip:

Renken gibt es in bayerischen Voralpenseen noch reichlich. Wer dennoch Probleme hat, eine Renke zu bekommen, die übrigens auch unter der Bezeichnung Maräne oder Felchen gehandelt wird, brät statt dessen Forellenfilets.

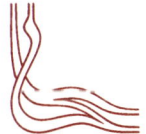

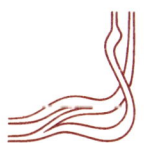

Mit Schwammerl gefüllte Kalbsschnitzel und Tomaten-Lauch-Gemüse

Zutaten:

2 dünne Kalbsschnitzel von je ca. 150 g
100 g Pilze nach Wahl,
z. B. Pfifferlinge, Steinpilze oder Zuchtpilze
10 g Butter
Salz, frisch gemahlener Pfeffer
1 TL gehackte Petersilie
1 mittelgroße Kartoffel
2 EL Öl

Für das Gemüse:
2 vollreife Tomaten
2 kleine Lauchstangen
30 g Butter
Salz, frisch gemahlener Pfeffer
1 Prise Zucker
2 – 3 EL Gemüsebrühe
1 EL feingeschnittener Schnittlauch

Zubereitung:

Die Schnitzel am besten gleich vom Metzger flachklopfen lassen. Pilze sorgfältig putzen und nur falls nötig waschen. *Zuchtpilze müssen meist nicht gewaschen werden. Durch Waschen geht leider viel von dem zarten Aroma verloren.* Die Pilze grob hacken.

Die Butter in einer Pfanne erhitzen und die Pilze darin anbraten. Mit Salz und Pfeffer würzen und die Petersilie untermischen. Die Pilzmischung auf den mit Salz und Pfeffer gewürzten Schnitzeln verteilen. Die Kartoffel schälen und mit einer Aufschnittmaschine oder einem Gurkenhobel in hauchdünne Scheiben schneiden. Diese schuppenförmig, leicht überlappend so auf den Schnitzeln anordnen, daß ein Rand übersteht. Diesen Rand nach unten klappen und gut festdrücken. Den Backofen auf 180° C vorheizen.

Für das Gemüse die Tomaten kurz in kochendes Wasser tauchen, häuten, halbieren und entkernen. Das Fruchtfleisch in Streifen schneiden. Die Lauchstangen längs durchschneiden, gründlich waschen und die Hälften in 1 cm breite Streifen schneiden.
In zwei Töpfen jeweils die Hälfte der Butter erhitzen und die Gemüse getrennt darin anschwitzen. Mit Salz, Pfeffer und etwas Zucker würzen und das Lauchgemüse mit Gemüsebrühe aufgießen. Tomaten nur kurz erhitzen, dann von der Kochplatte nehmen, den Lauch etwa 5 Minuten garen lassen. Anschließend beide Gemüse vermischen und kurz miteinander durchziehen lassen.

Das Öl in einer beschichteten Pfanne erhitzen und die Schnitzel mit der Fleischseite nach unten darin etwa 2 Minuten scharf anbraten. Dann vorsichtig wenden und die Kartoffelseite braun braten. *Mit Hilfe von zwei Backschaufeln oder Paletten geht das auch für Kochungeübte sehr einfach.* Die Schnitzel auf ein Gitter mit darunterliegender Fettpfanne legen und im heißen Backofen 4 – 5 Minuten garen. Das Gemüse mit Schnittlauch bestreuen und mit den Schnitzeln auf zwei Tellern anrichten.

Schuhbecks Tip:

Bevorzugen Sie dünnere Lauchstangen, sie sind milder im Geschmack und schneller gar. Lauch enthält nicht nur eine Menge wichtiger Mineralstoffe, sondern auch auffallend viel Vitamin C. Da dieses Vitamin sehr hitzeempfindlich ist, sollten Sie das Lauchgemüse nur kurz und bei nicht zu hohen Temperaturen garen.

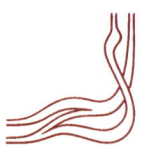

Zwetschgen im Strudelsackerl auf Zwetschgensauce

Zutaten:
8 schöne große Zwetschgen

Für die Füllung:
1 EL Marzipan
1 TL geriebene Mandeln
1 TL Pinienkerne
1 TL grob gehackte Pistazien
etwas Zwetschgenwasser
Für die Sauce:
250 g Zwetschgen
100 g Zucker
etwas Zwetschgenwasser

Für die Strudelsackerl:
1/2 Packung fertiger Strudelteig oder:
125 g Mehl
Salz
1 Eigelb, 1 EL Öl
ca. 2 – 3 EL lauwarmes Wasser

Außerdem:
Butterschmalz oder Öl zum Ausbacken
Zucker und gemahlenen Zimt zum Bestreuen

Zubereitung:
Die Zwetschgen waschen, längs halbieren, dabei jedoch nicht ganz durchschneiden. Den Kern entfernen. Alle Zutaten für die Füllung sorgfältig vermischen und in die Zwetschgen füllen. Die Schnittflächen gut zusammendrücken. *Spätzwetschgen haben das intensivste Aroma.*

Den Backofen auf 150°C vorheizen. Für die Sauce die Früchte halbieren, entsteinen und mit Zucker vermischt in eine kleine Bratreine geben. Im heißen Backofen unter gelegentlichem Umrühren zerkochen lassen. Dann durch eine Sieb passieren und mit Zwetschgenwasser abschmecken. *Für die Sauce eignen sich sehr gut schon etwas weiche, vollreife Zwetschgen.*

Aus den angegebenen Zutaten einen Strudelteig herstellen (siehe Seite 65) und so lange mit den warmen Händen kneten, bis der Teig leicht glänzend ist. Mit einer angewärmten Schüssel bedeckt etwa 20 Minuten ruhen lassen. *Wer nicht so viel Übung im Backen hat, spart sich die Mühe und nimmt einfach fertigen Strudelteig, der meistens auch ausgezeichnet schmeckt.* Den Teig mit einem Nudelholz ausrollen und hauchdünn ausziehen. Die Zwetschgen mit dem Teig umhüllen. die oberen Enden wie ein Säckchen zusammendrücken und in reichlich heißem Ausbackfett goldbraun backen. Auf Küchenpapier abfetten lassen, in Zimtzucker wenden und auf der Zwetschgensauce anrichten.

Schuhbecks Tip:
Auf die gleiche Weise kann man im Sommer herrlich auch Aprikosensackerl zubereiten. Zur Zwetschgenzeit gleich die doppelte Menge machen, einfrieren und bei Bedarf nur kurz erwärmen.

Herbstlicher Salat mit gerösteten Walnüssen und gebratener Geflügelleber

Lachs in der Haut gebraten mit Petersilienwurzelsauce und Graupenrisotto

Birnencreme auf Preiselbeersauce

Walnußbäume wachsen überall dort, wo auch Wein gedeiht. Einer Sage nach sollen die Römer auf ihren Eroberungszügen im heutigen Österreich aus Wassermangel Rebstöcke gepflanzt haben, um ihren Durst mit dem köstlichen Traubensaft zu stillen. Berauscht kam es regelmäßig zu Prügeleien. Deshalb wurde von oberster Stelle angeordnet, zwischen die Rebstöcke Walnüsse zu pflanzen. Der Grund: Bei reichlichem Walnußgenuß zum Wein bleibe man nüchtern. Ein bißchen etwas ist da sicherlich dran, denn heute noch werden in südlichen Weingegenden Walnüsse auf den Tisch gestellt. Sicherlich liegt es an dem relativ hohen Fettgehalt, der zusammen mit dem üppig enthaltenen Vitamin E beruhigend auf das Nervensystem wirkt.

Wer also einen temperamentvollen Gast eingeladen hat, der gerne mal auch etwas tiefer ins Glas schaut – für den ist dieser nussig-knusprige Auftakt gerade recht.

Damit der Abend aber nicht zu ruhig verläuft, gibt es als Hauptgang Fisch. Jod bringt Power und gezielte Energie, und außerdem zählt gerade echter »wilder« Lachs als altbewährtes Aphrodisiakum, das rascher und intensiver die Liebe beflügeln soll als alle anderen Fische.

Falls es dann noch nötig ist – Preiselbeeren schätzt man wegen ihres Gehalts an Fruchtsäuren, Gerbstoffen und zahlreichen Vitaminen seit ewiger Zeit als todsicheren »Appetitwecker«.

Fig. 72 Preißelbeere.

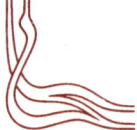

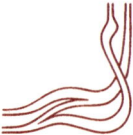

Herbstlicher Salat mit gerösteten Walnüssen und gebratener Geflügelleber

Zutaten:
80 g gemischte Salatblätter nach Wahl,
z. B. Eichblattsalat, Frisée, Radicchio oder Chicorée
8 Walnußhälften
30 g Butter
100 g Geflügelleber
Salz, frisch gemahlener Pfeffer
5 – 6 EL Kalbsfond aus dem Glas
1 EL Rotweinessig
1 TL Balsamessig

Zubereitung:
Die Salatblätter in mundgerechte Stücke teilen, kurz waschen und gut abtropfen lassen.

Die Walnüsse grob hacken und in 10 g Butter goldbraun und kross braten. Die Leber säubern, von anhaftenden Haut- und Sehnenteilen befreien und in etwa 2 cm große Stücke teilen. In der restlichen erhitzten Butter 2 – 4 Minuten scharf anbraten. Herausnehmen, salzen und pfeffern und warmhalten. *Einfach und unproblematisch geht das, wenn Sie die Leberstückchen in Alufolie hüllen.* Den Bratensatz mit Kalbsfond ablöschen und so lange einkochen lassen, bis etwa 1 EL übrig bleibt. Die Leberstückchen hineingeben und durchschwenken, bis alle Teile mit dem Saft glasiert sind.

Aus Essigsorten, Salz, Pfeffer und Öl eine Vinaigrette rühren. Den Salat damit anmachen und mit den Leberstückchen und den Walnüssen bestreuen.

Schuhbecks Tip:
Probieren Sie einmal rosa gebratene Enten- oder Gänseleber auf Salat. Die Auswahl der Salatblätter immer nach dem jeweiligen frischesten Angebot Ihres Gemüsehändlers richten.

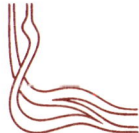

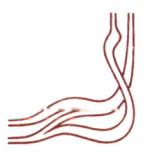

Lachs in der Haut gebraten mit Petersilienwurzelsauce und Graupenrisotto

Zutaten:

Für das Graupenrisotto:
50 g Perlgraupen
1/4 l Fleischbrühe
1 kleine Möhre
5 cm von einer Lauchstange
1 Scheibe durchwachsener Räucherspeck
20 g Butter
Salz, frisch gemahlener Pfeffer

Für den gebratenen Fisch:
2 Scheiben roher Lachs, je 200 g mit Haut
Salz, frisch gemahlener weißer Pfeffer
2 EL Öl

Für die Sauce:
1 kleine Petersilienwurzel
10 g Butter
5 – 6 EL Kalbsfond aus dem Glas
3 EL Sahne
Salz, frisch gemahlener weißer Pfeffer
frisch geriebene Muskatnuß
1 EL frisch gehackte Petersilie

Zubereitung:
Graupen waschen und mit der Brühe zum Kochen bringen. Ca. 3 – 4 Minuten kochen lassen, dann den Topf von der Kochstelle nehmen und die Graupen zugedeckt etwa 40 Minuten ausquellen lassen.

Die Lachsschnitten waschen, abtrocknen und mit Salz und Pfeffer einreiben. Die Petersilienwurzel schälen und in kleine Stück schneiden. In der heißen Butter andünsten, mit Kalbsfond aufgießen und in etwa 10 Minuten weich garen. Anschließend im Mixer fein pürieren, die Sahne und falls nötig noch etwas Fond dazugeben, bis eine cremige Sauce entsteht. Würzig abschmecken und durch ein feines Sieb passieren.

Für das Graupenrisotto Möhre und Lauch waschen, putzen und wie den Räucherspeck in kleine Würfel schneiden. Die Gemüsewürfel in wenig kochendem Salzwasser etwa 5 Minuten garen. Die Speckwürfel in einer Pfanne bei mittlerer Hitze kross braten. Das Fett auf einem Sieb abtropfen lassen. Graupen auf ein Sieb schütten und mit kaltem Wasser abbrausen. Die Butter zerlassen und das Gemüse, die Speckwürfel und die Graupen darin unter vorsichtigem Rühren erhitzen. Mit Salz und Pfeffer würzen.

Die Lachsscheiben im erhitzten Öl zuerst auf der Hautseite braten, bis diese kross ist, dann wenden und die zweite Seite in wenigen Minuten bei reduzierter Hitze fertig braten.

Die Sauce mit einem Pürierstab noch einmal aufschäumen, die frisch gehackte Petersilie untermischen und zum Lachs reichen.

Schuhbecks Tip:
Die ältere Generation denkt bei Graupen sicherlich an die schrecklichen Eintöpfe und Suppen der Nachkriegszeit. So zubereitet sind sie aber eine köstliche Beilage, speziell zu Fisch und der feinen Gemüsesauce.

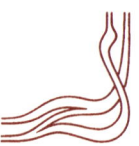

Birnencreme auf Preiselbeersauce

Zutaten:
1/2 l Wasser
150 g Zucker
500 g vollreife Birnen, z. B. Williams Christ
5 EL Weißwein
6 EL Champagner oder trockener Sekt
1 EL Zitronensaft
2 Blatt weiße Gelatine
1 TL Birnengeist
1 Eiweiß
1 TL Zucker

Für die Sauce:
4 EL Sahne
50 g eingelegte Preiselbeeren
1 EL Preiselbeerlikör,
ersatzweise Johannisbeerlikör
1 EL geschlagene Sahne
einige Minzeblätter

Zubereitung:
1/2 l Wasser und Zucker auf etwa die Hälfte einkochen lassen. Die Birnen schälen, halbieren und entkernen.

Weißwein, Champagner oder Sekt, Zitronensaft und dicklichen Zuckersaft zum Kochen bringen und zwei Birnenhälften darin pochieren. *Das eingekochte dickliche Zuckerwasser heißt in der Fachsprache Läuterzucker. Läßt man die Flüssigkeit länger einkochen, wird Sirup daraus.* Die Birnenhälften herausnehmen und die restlichen Birnen in Stücke geschnitten darin weich kochen, bis sie zerfallen. Durch ein Sieb streichen. Gelatine in kaltem Wasser einweichen und gut ausgedrückt unter das heiße Birnenmus mischen. Mit Birnengeist abschmecken und erkalten lassen.

Die Birnenhälften in längliche dünne Scheiben schneiden und den Boden einer runden Form damit sternförmig auslegen. Eiweiß zu steifem Schnee schlagen und dabei den Zucker einrieseln lassen. Den Eischnee gleichmäßig unter das Birnenmus ziehen, in die ausgelegte Form füllen und im Kühlschrank mindestens 2 Stunden erstarren lassen.

Für die Preiselbeersauce die Sahne leicht anschlagen, dann die pürierten Preiselbeeren samt Saft sowie den Likör unterrühren und zum Schluß die steifgeschlagene Sahne unterziehen.

Die Sauce als Spiegel auf einen großen Teller gießen und die Birnencreme darauf stürzen. Mit Minzeblättern garniert servieren.

Schuhbecks Tip:

Die Creme ist aber nur dann ein Genuß, wenn sie aus vollreifen Birnen zubereitet wird. Frisch vom Baum geerntet haben Sie natürlich das intensivste Aroma.

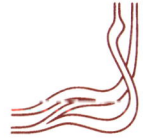

Kastaniensuppe

Gebratene Tauben mit Wirsinggemüse und Selleriepüree

Quittencreme mit marinierten Brombeeren

Das Liebesmenü – speziell für gestreßte Managertypen. Für Menschen, die niemals abschalten können, hektisch und völlig unromantisch sind, weil Sie sich keine Zeit zum Träumen gönnen. Bringen Sie den unruhigen Geliebten auf kulinarische Weise in sinnliche Stimmung.

Eine wahre Wunderdroge gegen Streß sind die nährstoff- und mineralstoffreichen Edelkastanien. Die braunen Herbstfrüchte enthalten einen wahren Schatz an Wirkstoffen, unter anderem Kalium, Kalzium, Phosphor, Schwefel, sowie Carotin und besonders viele B-Vitamine, die ausgleichend auf das Nervensystem wirken und bei geistiger Erschöpfung die nötige Vitalität zurückbringen. Bei hartnäckigen Fällen empfehle ich Ihnen, das Süppchen mit einigen Tropfen Trüffelöl oder, noch besser, mit einigen weißen Trüffelscheiben zu verfeinern – denn Trüffeln entspannen und erregen zugleich.

Ist danach die Hektik immer noch nicht verflogen – vertrauen Sie auf den verlockenden Thymianduft der saftigen Taube und die segensreiche Wirkung des Selleries.

Unterstützend zu diesem wahrhaftig lustweckenden Hauptgang empfehle ich einen leichten, fruchtigen Rotwein, zum Beispiel einen Trollinger. Aber bitte nur in kleinen Mengen – ein Glas zuviel kann die ganze Mühe mit dem verführerischen Menü wieder zunichte machen, und das Dessert aus dem »Fruchtbarkeitsapfel« hätten Sie dann völlig umsonst zubereitet.

Wäre schade drum, nicht nur, weil die lockere Creme ungemein köstlich schmeckt – schon die alten Römer und Griechen setzten in Liebesdingen vertrauend auf die Stimulanz der erregend-aromatisch duftenden Quitten.

Fig. 385. Kugelsellerie.

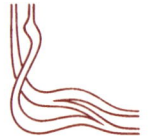

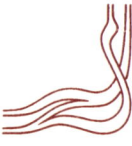

Kastaniensuppe

Zutaten:
150 g Eßkastanien (Maronen)
1/8 l Fleischbrühe
1 kleines Stückchen Knollensellerie (ca. 40 g)
100 ml Sahne
20 g Butter
Salz, frisch gemahlener Pfeffer
frisch geriebene Muskatnuß
1 EL frisch gehackte Petersilie

Zubereitung:
Die Schalen der Maronen an der gewölbten Seite mit einem scharfen Messer kreuzförmig einschneiden. Auf das Backblech geben und im 220° C heißen Backofen 7 – 8 Minuten backen, bis die Schalen aufbrechen. Die Kerne herauslösen und dabei den braunen Filz entfernen, wurmstichige Maronen aussortieren. Die Maronen mit dem geputzten Selleriestück in die kochende Brühe geben, salzen und pfeffern und 15 – 20 Minuten leicht köcheln lassen. Auf ein Sieb schütten und die Brühe auffangen.

Eßkastanien mit der Brühe und der Hälfte der Sahne mit einem Pürierstab oder im Mixer fein pürieren. Die Suppe soll sämig, aber keinesfalls zu dickflüssig sein. Gegebenenfalls noch etwas Brühe dazugießen. Die Butter in kleinen Stückchen dazugeben und mit dem Pürierstab noch einmal kurz aufschäumen. Mit Salz, Pfeffer und Muskat würzen und vor dem Servieren die restliche, steifgeschlagene Sahne unterziehen. Mit frisch gehackter Petersilie bestreuen.

Schuhbecks Tip:
Zwar ein bißchen kostspielig, aber unvergleichlich köstlich – vor dem Servieren einige Tropfen Trüffelöl in die Suppe geben oder, wenn's der Geldbeutel erlaubt, etwas von einer frischen weißen Trüffel darüberhobeln.

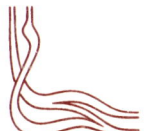

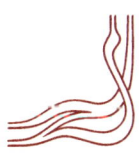

Gebratene Tauben mit Wirsinggemüse und Selleriepüree

Zutaten:

Für die Tauben:
2 Wildtauben, je ca. 400 g
Salz, frisch gemahlener Pfeffer
2 Thymianzweige
1 Bund Suppengrün
1 Tomate
2 EL Öl
1/4 l Geflügelfond aus dem Glas
1/2 TL feingehackte Thymianblätter

Für das Wirsinggemüse:
1/2 kleiner Wirsingkohl
20 g Butter
1 Scheibe durchwachsener Räucherspeck
2 EL Sahne
4 – 5 EL Fleischbrühe
Salz, frisch gemahlener Pfeffer
frisch geriebene Muskatnuß

Für das Selleriepüree:
250 g Knollensellerie
Salz
2 El Crème double
1 EL braune Butter
1 EL geschlagene Sahne

Zubereitung:

Die Tauben innen und außen waschen, mit Küchenpapier abtrocknen und mit Salz und Pfeffer einreiben. In jede Taube einen Thymianzweig stecken. Das Suppengrün waschen und wie die Tomate in kleine Stücke schneiden. Den Backofen auf 150°C vorheizen.

Das Öl in einem Schmortopf mit feuerfesten Griffen erhitzen und die Tauben darin bei starker Hitze rundherum kräftig anbraten. Vorbereitetes Gemüse dazugeben und mit anschwitzen. Den Schmortopf in den vorgeheizten Backofen schieben und die Tauben 20 – 25 Minuten braten.

Inzwischen den Wirsing putzen, waschen, in kochendem Salzwasser einige Minuten blanchieren. In eiskaltem Wasser abschrecken, damit das Gemüse die schöne Farbe behält. Die Blätter ausdrücken, nicht zu fein hacken. Die Butter in einem Topf erhitzen. Den in kleine Würfel geschnittenen Räucherspeck darin glasig braten. Das Gemüse dazugeben, kurz durchschwenken, dann mit Sahne und Brühe aufgießen und so weich kochen, daß es noch Biß hat, anschließend würzen.

Sellerieknolle schälen, in kleine Stücke schneiden und in wenig Salzwasser weich kochen. Das Wasser soll dabei fast völlig verdampfen. Crème double dazugeben und kurz mitkochen lassen. Dann mit dem Pürierstab oder im Mixer fein pürieren, die braune Butter unterziehen, falls nötig noch ein wenig salzen und vor dem Auftragen die steif geschlagene Sahne unterheben.

Die Tauben herausnehmen und warmhalten. Den Bratensaft mit Brühe ablöschen, Thymianblätter dazugeben und bei starker Hitze um die Hälfte einkochen lassen. Die Sauce durch ein Sieb streichen und mit Salz und Pfeffer würzen. Die Taube mit der Thymiansauce überziehen und mit dem Wirsinggemüse und dem Selleriepüree auf zwei Tellern appetitlich anrichten.

Schuhbecks Tip:

Tauben, die meist als Haustaube gehalten werden, haben ungemein aromatisches Fleisch, das mit keinem anderen Wildgeflügel zu vergleichen ist. Sie sind schnell und einfach zuzubereiten.

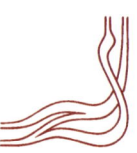

Quittencreme mit marinierten Brombeeren

Zutaten:
150 g Quitten
1/8 l Wasser
1/8 l halbtrockener Weißwein
50 g Zucker
1/2 Vanilleschote
Saft einer halben Zitrone
2 Blatt Gelatine
3 EL geschlagene Sahne

Außerdem:
100 g vollreife Brombeeren
1 EL Zucker
1 EL Brombeerlikör

Zubereitung:

Die Quitten schälen und in gleich große Stücke schneiden.

Wasser, Weißwein, Zucker, ausgekratztes Mark der Vanilleschote und Zitronensaft zum Kochen bringen und die Fruchtstücke darin in ca. 20 Minuten weich kochen.

Die Brombeeren mit Zucker bestreuen, mit Likör begießen und zugedeckt etwa 1 Stunde marinieren.

Die Hälfte der Quitten mit einem Pürierstab oder im Mixer pürieren. Falls das Mus etwas zu fest ist, noch ein wenig Kochflüssigkeit untermischen. Die Gelatine in kaltem Wasser einweichen und gut ausgedrückt unter das heiße Fruchtpüree rühren. Kalt stellen, bis die Masse leicht zu gelieren beginnt. Dann die steif geschlagene Sahne unterziehen und die Creme in Förmchen, z. B. Herzen oder Kleeblattformen, füllen und in etwa 1 Stunde im Kühlschrank erstarren lassen.

Auf Teller stürzen und mit den marinierten Brombeeren und Minzeblättern anrichten.

Schuhbecks Tip:

Es gibt zwei Quittensorten – die Apfel- und Birnenquitten. Das Fruchtfleisch der Apfelquitten bleibt beim Kochen ganz hell, während sich das der Birnenquitten leicht rötlich färbt. Kenner bevorzugen die aromatischere Apfelquitte. Erntezeit der steinharten Früchte, die nicht zum Rohverzehr geeignet sind, ist von September bis Ende November.

Fig. 58. Quitten.

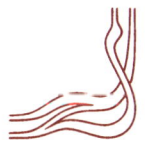

Gangerl von Herbsttrompeten

Geräucherter Waller auf Kürbis-Linsen-Gemüse und Kartoffel-Birnen-Püree

Schokoladenherzen mit Vanillesahne

Der beste Weg, einander näherzukommen, geht über ein genußvolles gemeinsames Mahl. Giacomo Casanova war überzeugt, daß die perfekte Verführungsstrategie mit einem Abendessen zu zweit beginnt. In einer seiner reizenden Episoden aus der »Geschichte meines Lebens« beschreibt er den Verlauf eines achtgängigen Menüs mit einer bezaubernden Dame, und endete mit den Worten: »Wir erhoben uns von der Tafel, und vor dem Kamin begann ich sie zu bestürmen. Ich sagte, wenn sie schon nicht der Liebe nachgeben wolle, so könne sie doch der Natur ihr Recht nicht verweigern, die nach einem so ergiebigen Essen fordere, daß sie sich schlafen lege.«

Übrigens endete das Liebsmenü mit einem Schokoladendessert, denn der berühmteste aller Liebhaber schwörte auf die aphrodisischen Kräfte von Schokolade, ebenso Madame Dubarry, die ihre Liebhaber mit heißer Schokolade verführt haben soll. Sie sind also in bester Gesellschaft – mit den »Schokoladenherzen«.

Heute weiß man, daß es die Inhaltsstoffe Coffein und Theobromin sind, die eventuell einen lustfördernden Effekt auslösen können. Verlassen Sie sich aber nicht voll und ganz darauf, denken sie an Casanova – ohne ein bißchen Raffinesse und Phantasie geht nichts…

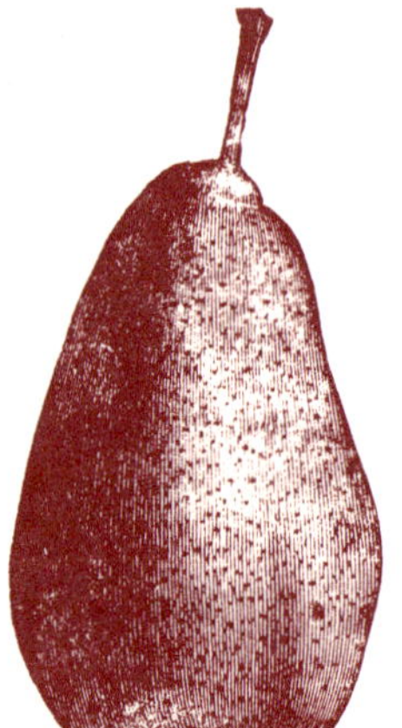

Fig. 60. Tafelbirne.

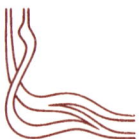

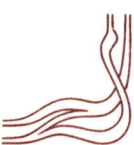

Gangerl von Herbsttrompeten

Zutaten:
250 g frische Herbsttrompeten (Pilze)
1 Schalotte
60 g Butter
1/8 l Fleischbrühe
Salz, frisch gemahlener Pfeffer
1 große Scheibe Weißbrot, ca. 70 g
3 – 4 EL Sahne
1/2 Bund Kerbel

Zubereitung:
Die Herbsttrompeten putzen und mehrmals gründlich waschen, da die Pilze sehr sandig sind. Die Schalotte schälen, in kleine Würfel schneiden und in 20 g Butter glasig dünsten. Die gut abgetropften Pilze dazugeben und mit anschwitzen. Mit der Brühe aufgießen, salzen und pfeffern und dreimal aufkochen lassen, dann noch etwa 2 Minuten bei abgeschalteter Kochplatte ziehen lassen.

Das Weißbrot in kleine Würfel schneiden und in 20 g heißer Butter goldbraun und knusprig braten.

Die Pilze mit einem Schaumlöffel aus dem Sud heben und auf zwei vorgewärmte Teller geben. Die Sahne in die Kochflüssigkeit geben, kurz durchkochen lassen und mit dem Pürierstab aufmixen, dabei die restliche Butter in kleinen Stückchen hinzufügen. Die Sauce über die Pilze geben und mit Brotwürfeln und feingehacktem Kerbel bestreut servieren.

Schuhbecks Tip:
Die fast schwarzen Herbsttrompeten findet man am besten in schattigen Laubwäldern, bevorzugt unter Buchen und Eichen. Falls Sie keine frischen Pilze bekommen, die Herbsttrompeten behalten auch getrocknet ihr herrliches Aroma. Wer nicht auf Wildpilze steht, greift auf Shiitakepilze oder Egerlinge zurück.

Fig. 19. Schalotte.

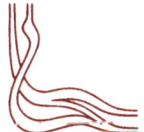

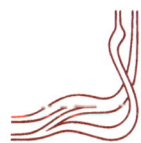

Geräucherter Waller auf Kürbis-Linsen-Gemüse mit Kartoffel-Birnen-Püree

Zutaten:

400 g küchenfertiges Wallerfilet
Salz, frisch gemahlener Pfeffer
1 dünne Stange Lauch
125 g eingelegter Kürbis
6 EL gekochte Linsen
3 – 4 EL Fleischbrühe
1 Prise Zucker
1 TL Balsamessig
2 EL Öl

Für das Kartoffel-Birnen-Püree:
250 g mehligkochende Kartoffeln
Salz
1 kleine vollreife Birne,
z. B. Williams Christ
50 g Butter
1 Prise Zucker
5 – 6 EL Sahne oder Milch
frisch gemahlener weißer Pfeffer
frisch geriebene Muskatnuß

Außerdem:
etwas Räuchermehl

Zubereitung:

Wallerfilet in zwei gleich große Stücke teilen, waschen und gut abtrocknen. Mit Salz und Pfeffer würzen.

Die Lauchstange längs halbieren und unter fließendem Wasser gründlich waschen. Die Hälften in schmale Streifen schneiden und in Salzwasser bißfest kochen. Die Gemüsestreifen in eiskaltem Wasser abschrecken und gut abtropfen lassen. Den eingelegten Kürbis in kleine Würfel schneiden und mit den Linsen und den Lauchstreifen vermischen. Mit Brühe begießen und mit Salz, Pfeffer, Zucker und Essig würzig abschmecken.

Für das Kartoffel-Birnen-Püree die Kartoffeln schälen und in wenig Salzwasser in etwa 20 Minuten garen. Die Birne schälen, halbieren und in kleine Würfel schneiden. 20 g Butter in einer Pfanne erhitzen und die Birnenwürfel mit Zucker bestreut darin goldgelb braten.
Die gut abgedampften Kartoffeln mit einem Kartoffelstampfer grob zerdrücken. Die Sahne erhitzen und mit der restlichen Butter unter die Kartoffeln mischen. Zum Schluß die Birnen unterheben und das Püree mit Salz, Pfeffer und Muskat würzig abschmecken.

Die Wallerstücke im heißen Öl von beiden Seiten je eine Minute braten. In einen Topf etwas Räuchermehl geben und die Wallerstücke auf einem Gitter oder Dampfeinsatz darüberstellen. Bei schwacher Hitze etwa 15 – 20 Minuten räuchern.

Das Kürbis-Linsen-Gemüse kurz erwärmen und mit dem geräucherten Waller und dem Kartoffel-Birnen-Püree auf zwei Tellern anrichten.

Schuhbecks Tip:

Es gibt kleine Räucheröfen, die sich jedoch nur lohnen, wenn man häufig selber räuchert. Sehr gut eignen sich aber auch Töpfe mit einem Dämpfeinsatz oder ein Wok mit einem passenden Gitter. Räuchermehl bekommt man auf jeden Fall in Anglerfachgeschäften.

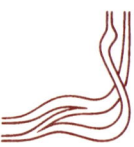

Schokoladenherzen mit Vanillesahne

Zutaten:
70 g gute Zartbitter-Schokolade
etwas abgeriebene Schale
einer unbehandelten Orange
1/8 l Sahne
1 TL Kakao
2 Minzezweige

Für die Vanillesahne:
1/8 l Sahne
1 EL Zucker
ausgekratztes Mark einer Viertel Vanilleschote
1 TL Orangenlikör

Zubereitung:
Schokolade in kleine Stücke brechen und im heißen Wasserbad flüssig werden lassen. Die Orangenschale untermischen.

Die gut gekühlte Sahne langsam, am besten mit der Hand oder auf niedriger Stufe mit dem Handrührgerät steif schlagen. Die Sahne portionsweise unter die flüssige, etwas abgekühlte Schokolade mischen. 2 Herzenförmchen mit Öl ausstreichen und die Masse einfüllen. Die Oberfläche glattstreichen und im Kühlschrank in etwa 2 Stunden erstarren lassen.

Die Sahne mit Zucker halbsteif schlagen und mit Vanillemark und Orangenlikör parfümieren.

Den Rand der Förmchen mit einem Messer vorsichtig lösen und die Schokoladenherzen auf zwei Teller stürzen. Mit je einem Minzezweig verzieren und die Vanillesahne dazu reichen.

Schuhbecks Tip:

Falls sich das Schokoladendessert nicht gut stürzen läßt, kurz in heißes Wasser tauchen, dann löst es sich garantiert von den Rändern.

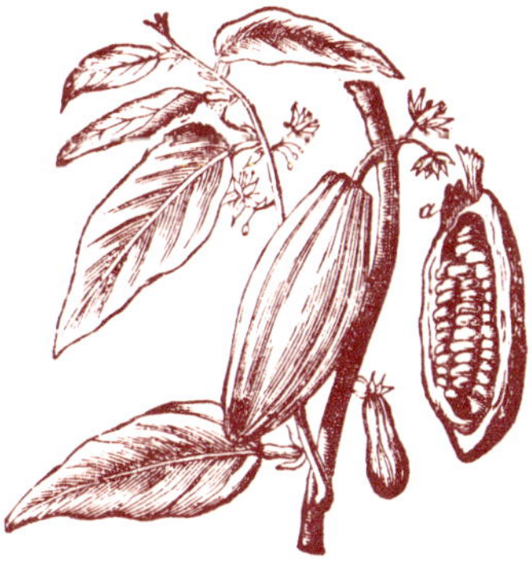

Fig. 606. Zweig und Frucht des Kakaobaumes.

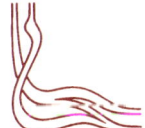

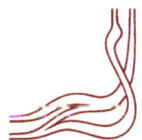

Schwarzwurzelsuppe mit gerösteten Kürbiskernen

Gewürfeltes von der Putenbrust mit Paprikasauce und Gemüsereis

Gefüllte Topfentascherl mit Holunderragout

Die leider fast in Vergessenheit geratenen Schwarzwurzeln strotzen nur so vor Vitaminen, Mineral- und Bitterstoffen, denen schon die alten Germanen eine unglaubliche Heilwirkung attestierten. Im Mittelalter galt der »Winterspargel« als probates Mittel gegen Schlangenbisse. Fest steht auf jeden Fall eines, und das ist niet- und nagelfest wissenschaftlich fundiert: Männer, die auch im Alter noch fit für die Liebe sein wollen, können gar nicht früh genug anfangen, Kürbiskerne zu knabbern.
Damit Sie richtig in Schwung kommen – dafür sorgt Paprika gleich auf doppelte Weise, als Gemüse und als Gewürz. Die Durchblutung wird angeregt, das Herz beginnt heftiger zu schlagen, und nun müssen Sie ihre Leidenschaft nur noch in Worte und vor allem in Taten umsetzen. Hält sich das ungarische Temperament bei Ihm noch immer in Grenzen, dann streuen Sie besonders viel Zimtzucker auf die Holundertascherl – denn schon Aphrodite richtete schlappe Liebhaber mit diesem Lustgewürz auf.

Fig. 188. Reiskugel.

Schwarzwurzelsuppe mit gerösteten Kürbiskernen

Zutaten:
250 g Schwarzwurzeln
40 g Butter
300 ml Kalbsfond aus dem Glas
Salz, frisch gemahlener Pfeffer
frisch geriebene Muskatnuß
4 EL Sahne
1 EL Kürbiskerne
1 TL frisch gehackte Petersilie

Zubereitung:
Die Schwarzwurzeln unter fließendem Wasser schrubben und anschließend mit einem Sparschäler vom dicken zum dünnen Ende hin schälen. In Stücke schneiden und in 30 g Butter anschwitzen. Mit Brühe und Sahne aufgießen und 20 Minuten bei schwacher Hitze weichkochen.

Mit einem Pürierstab oder im Mixer pürieren, anschließend durch ein Sieb passieren. Erneut erhitzen und noch einmal mit dem Pürierstab aufmixen.

Die Kürbiskerne in der restlichen Butter kurz rösten. Die Suppe in Tassen füllen und mit den Kürbiskernen und der Petersilie bestreut auftragen.

Schuhbecks Tip:
Da Schwarzwurzeln beim Putzen häßliche Flecken auf den Händen hinterlassen, ziehen Sie für diese Arbeit besser Gummihandschuhe an.

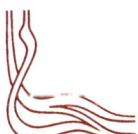

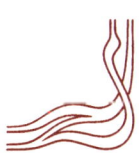

Gewürfeltes von der Putenbrust mit Paprikasauce und Gemüsereis

Zutaten:
400 g Putenbrust
Salz, frisch gemahlener Pfeffer
1 Schalotte
1 rote Paprikaschote
2 EL Öl
1 EL Paprikapulver, edelsüß
1/8 l Geflügelfond aus dem Glas
3 EL Sahne

Für den Reis:
1 Bund Suppengrün
20 g Butter
100 g Langkornreis
200 ml Gemüsebrühe

Zubereitung:
Putenbrustfleisch waschen, mit einem Küchenpapier trockentupfen und in etwa 3 cm große Würfel schneiden. Salzen und pfeffern. Schalotte schälen und in kleine Würfel schneiden. Die Paprikaschote waschen, halbieren, Stengelansätze herauslösen und entkernen. Die Hälften ebenfalls in kleine Würfel schneiden.

Das Öl in einer Pfanne erhitzen und die Fleischwürfel darin bei starker Hitze wenige Minuten scharf anbraten. Herausnehmen und die Schalotten- sowie die Paprikawürfel im Bratfett anschwitzen. Mit Paprikapulver überstäuben und unter Rühren anbraten. Mit der Brühe aufgießen und etwa 15 Minuten köcheln lassen.

Das Suppengrün waschen und in winzige Würfel schneiden. In Butter andünsten, den Reis dazugeben und kurz mit anschwitzen. Mit der Brühe aufgießen und zugedeckt bei schwacher Hitze etwa 15 -20 Minuten garen.

Sahne und das angebratene Fleisch dazugeben und bei schwacher Hitze etwa 5 – 10 Minuten ziehen lassen. Falls nötig nachwürzen.

Das Putengeschnetzelte mit dem Reis auf zwei Tellern anrichten.

Schuhbecks Tip:
Putenfleisch ist zwar extrem mager, hat aber auch keinen ausgeprägten Geschmack, und Gerichte daraus können daher leicht fade schmecken. Deshalb Putenfleisch immer kräftig würzen. Ein bißchen Cayennepfeffer zusätzlich kann nicht schaden, Sie wissen doch, der beflügelt die Liebe…

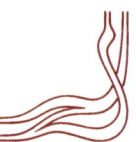

Gefüllte Topfentascherl mit Holunderragout

Zutaten:

250 g Topfen (Magerquark)
20 g Butter
1 Ei
1 Prise Salz
etwas abgeriebene Schale
einer unbehandelten Zitrone
1 EL Zitronensaft
1 EL Zucker
70 g Semmelbrösel, am besten frisch gerieben
ca. 150 g Holunderbeeren

Für das Holunderragout:
250 g abgezupfte Holunderbeeren
40 g Gelierzucker
2 reife Zwetschgen
Schale einer halben unbehandelten Orange
Schale einer halben unbehandelten Zitrone
1 kleines Stückchen Zimtstange

Außerdem:
Zucker und gemahlener Zimt zum Bestreuen

Zubereitung:

Den Quark in ein Mulltuch geben und ausdrücken, dann durch ein Sieb passieren. Die weiche Butter mit dem Ei cremig rühren und den Quark untermischen. 20 Minuten ruhen lassen, währenddessen mehrmals durchrühren. Salz, Zitronenschale und -saft, Zucker und die Semmelbrösel unterrühren und erneut unter gelegentlichem Rühren quellen lassen.

Für das Holunderragout die Beeren mit den übrigen Zutaten in einen Topf geben und bei schwacher Hitze zugedeckt 10 – 15 Minuten ziehen lassen. Auf ein Sieb schütten und den Saft dabei auffangen. Die 150 g Holunderbeeren für die Füllung im abgetropften Saft kurz garen. Auf einem Sieb gut abtropfen lassen, den Saft erneut aufbewahren.

Ein großes nasses Geschirrtuch ausbreiten. Aus der Teigmasse 4 Knödel formen und nebeneinander auf eine Seite des Tuches legen. Die andere Tuchseite darüberklappen und die Knödel zu runden Scheiben von einem Durchmesser von 8 – 10 cm breitdrücken. *Das geht gut mit einem Nudelholz oder notfalls auch mit der Handfläche.*
Auf jedes Teigplätzchen einen Löffel Holunderbeeren setzen, und um die Hälfte zusammenklappen. *Es entstehen halbmondförmige Teigtaschen, die wie Maultaschen aussehen.*

Die Ränder gut festdrücken und die Taschen in leicht gesalzenem Wasser in 5 – 6 Minuten garziehen lassen. Das Wasser darf auf keinen Fall kochen, notfalls ein wenig kaltes Wasser dazugießen.

Das Holunderragout noch mit etwas Holundersaft vermischen und auf zwei Tellern verteilen, die gut abgetropften Taschen darauf anrichten. Mit reichlich Zimt-Zucker bestreuen.

Schuhbecks Tip:

Holunderbeeren sind roh nicht gut bekömmlich, deshalb vor dem Verzehr kurz kochen.

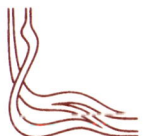

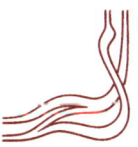

Kartoffelsuppe mit frischem Trüffel

Fasanenbrust auf Pfefferkraut mit glasierten Apfelspalten und Maronen

Pochierte Birnen mit Schwarzer Johannisbeersauce

Ein paar frische Trüffelscheiben, und schon wird aus einer simplen Kartoffelsuppe ein erotisierender Hochgenuß. Ob frische Trüffeln eine wirklich potenzsteigernde Wirkung haben, wage ich zu bezweifeln; daß der Duft einer frisch gehobelten Trüffel aber alle Sinne weckt, die für eine gelungene Liebesnacht nötig sind, davon bin ich überzeugt. Der berühmte Gourmet Brillat-Savarin konnte sich ein feines Mahl mit einer schönen Frau ohne Trüffeln überhaupt nicht vorstellen, und auch Napoleon bevorzugte den »Diamant der Küche« als Stimulans für schöne Stunden. Wenn es Ihnen der oder die Geliebte wirklich wert ist und das Haushaltsbudget es erlaubt, betören Sie erst einmal mit dem unwiderstehlichen Duft einer Trüffel, bevor dann die Pfeffersauce für die pikante Schärfe sorgt.
Blättert man in alten Büchern, die sich mit Aphrodisiaka beschäftigen, stellt man fest, daß fast alle natürlichen Wundermittel der Erotik lediglich die Lust der Männer wecken sollten – eine der wenigen Ausnahmen war wildes Federvieh. Einen Versuch ist es allemal wert, verehrte Damen – auch wenn Sie derartiges nicht nötig haben, um die Lust zu steigern, sollten Sie auf die saftig gedämpften Fasanenbrüstchen mit glasierten Äpfeln und Maronen nicht verzichten. Es schmeckt phantastisch und ist außerdem so leicht bekömmlich, daß weder Frau noch Mann danach müde oder gar träge werden. Sollte der dazugereichte Wein, z. B. ein Chardonnay aus dem Barrique, ein wenig müde gemacht haben, die Sauce aus schwarzen Johannisbeeren beim Dessert gibt, dank des enormen Vitamin-C-Gehalts, einem eventuellen Leistungsabfall keine Chance.

Fig. 303 . Fasan.

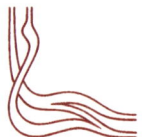

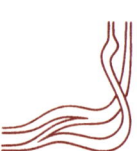

Kartoffelsuppe mit frischem Trüffel

Zutaten:
1 mehligkochende Kartoffeln, von ca. 150 g
Salz
1 Thymianzweig
frisch gemahlener weißer Pfeffer
frisch geriebene Muskatnuß
1/4 l Kalbsfond aus dem Glas
4 EL Sahne
10 g Butter
2 EL geschlagene Sahne
einige frisch gehobelte Trüffelscheiben,
je nach Gusto und Geldbeutel

Zubereitung:
Die Kartoffeln waschen, schälen und in Stücke teilen. Mit dem Thymianzweig in einen Topf geben, mit wenig Salzwasser begießen und zugedeckt etwa 20 Minuten garen. Auf ein Sieb schütten und das Kochwasser aufbewahren.

Die heißen Kartoffeln durch eine Kartoffelpresse drücken. *Wer keine Kartoffelpresse besitzt, drückt die Kartoffeln durch ein Sieb.*

Mit Salz, Pfeffer und Muskat würzen. Brühe, Sahne und Butter dazugeben und alles mit einem Schneebesen kräftig durchschlagen. Falls die Suppe noch zu dickflüssig ist, etwas heißes Kartoffelkochwasser zufügen.

Kurz vor dem Servieren die Suppe mit dem Pürierstab aufmixen und die steif geschlagene Sahne unterziehen. In vorgewärmte Teller füllen und die Trüffel bei Tisch genießerisch mit dem Trüffelhobel über die Suppe hobeln.

Fasanenbrust auf Pfefferkraut mit glasierten Apfelspalten und Maronen

Zutaten:

1 küchenfertiger Fasan
1 Bund Suppengrün
1 Zwiebel
1 EL Öl
1 TL weiße Pfefferkörner
1 EL Weinbrand
1 Wacholderbeere
1/8 l Fleischbrühe
1/8 l Sahne

Salz, frisch gemahlener Pfeffer
150 g fertig gekochtes Sauerkraut
1 aromatischer Apfel,
z. B. Boskop
40 g Butter
2 TL Zucker
2 – 3 EL trockener Weißwein
6 geschälte gekochte Maronen,
evtl. aus dem Glas

Zubereitung:

Von dem Fasan am besten gleich beim Wildhändler die Brüste und die Keulen auslösen lassen. Das Knochengerippe unbedingt kleingehackt mitnehmen. *Aus den Keulen ein anderes Gericht zubereiten – herrlich schmecken Linsen mit Fasanenkeulen geschmort.*

Aus den Knochen einen Wildfond zubereiten, der dann für die Sauce benötigt wird. Dazu das gewaschene Suppengrün kleinschneiden, die Zwiebel schälen und in Stücke schneiden. Das Öl in einem Kochtopf erhitzen und zuerst die grob zerdrückten Pfefferkörner darin anrösten. Die Knochen dazugeben und scharf anbraten, dann das Gemüse und die Gewürze mit Weinbrand ablöschen. Mit Brühe aufgießen und aufkochen lassen. Dann die Sahne dazugeben und bei geschlossenem Topf bei schwacher Hitze 20 Minuten köcheln lassen.

Für die Fasanenbrüste einen Topf etwa 3 cm hoch mit Wasser gefüllt erhitzen. Die mit Salz und Pfeffer gewürzten Brüste auf einen Dämpfeinsatz oder ein Gitter legen, in den Topf stellen und über Dampf in 8 – 10 Minuten garen.

Den Knochenfond auf einem Sieb abgießen und die Hälfte davon unter das fertig gekochte Sauerkraut mischen. Miteinander erhitzen.

Den Apfel schälen, halbieren, entkernen und in längliche Spalten schneiden. 20 g Butter und 1 TL Zucker in einer Pfanne erhitzen und die Apfelspalten darin goldbraun braten. Mit Wein ablöschen und kurz ziehen lassen. Die gekochten Maronen in der restlichen Butter mit1 TL Zucker bestreut glasieren. Die restliche Sauce falls nötig noch ein wenig einkochen lassen.

Die gegarten Fasanenbrüstchen in dünne schräge Scheiben schneiden und auf dem Pfefferkraut anrichten. Mit der restlichen Sauce begießen und mit den glasierten Äpfeln und Maronen umkränzen.

Schuhbecks Tip:

Richtig »wilde« Fasane werden immer seltener, die meisten Vögel kommen aus Freiluftgehegen. Aber ob wild oder zahm – am zartesten schmecken die jungen Tiere, die man am Ständer (d. h. an den Füßen) erkennt.

Pochierte Birnen mit Schwarzer Johannisbeersauce

Zutaten:
2 reife Birnen,
z. B. William Christ oder Kaiser Alexander
1/8 l halbtrockener Weißwein
1/8 l Wasser
1/2 Vanilleschote
50 g Zucker
Saft von 1/2 Zitrone

Für die Johannisbeersauce:
125 g schwarze Johannisbeeren
60 g Zucker
4 EL Wasser
1 EL Johannisbeerlikör

Zubereitung:
Die Birnen schälen, halbieren und entkernen. Weißwein, Wasser, aufgeschlitzte Vanilleschote, Zucker und Zitronensaft erhitzen, die Birnenhälften hineinlegen und den Topf mit Butterbrotpapier bedecken. Einmal kurz aufkochen lassen, von der Kochplatte nehmen und abkühlen lassen.

Die Johannisbeeren mit Zucker und Wasser vermischen und in einem Topf zum Kochen bringen. Ca. 15 Minuten kochen lassen, dann mit einem Pürierstab oder im Mixer pürieren und durch ein feines Sieb streichen. Mit Likör parfümieren und kalt stellen.

Die abgekühlten Birnenhälften auf zwei Teller verteilen und mit der Sauce von schwarzen Johannisbeeren übergießen.

Schuhbecks Tip:
Die Birnen sollen reif, aber nicht überreif sein, sonst werden sie zu rasch matschig, sehen dann nicht mehr gut aus und schmecken auch ein bißchen fade. Wenn es ganz schnell gehen soll, nehmen Sie eingekochte Birnen – vielleicht haben Sie sogar selber welche eingemacht – die schmecken natürlich extra fein.

Fig. 66.
Johannisbeere.

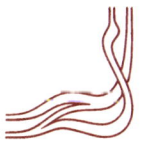

Petersiliengangerl mit gebratenen Kalbsleberwürfeln

Glattbuttfilet mit Kräuterkruste überbacken, Fenchelgemüse und Kartoffeln

Bratapfel mit Vanillesauce

Ein gehäufter Eßlöffel frisch gehackte Petersilie deckt den Tagesbedarf an Vitamin C – wahrscheinlich ist das mit ein Grund dafür, daß im Volksmund diesem Küchenkraut unglaubliche Fähigkeiten zugesprochen werden. Mut soll es machen, die Leber reinigen, die Durchblutung fördern und den Stoffwechsel anheizen. So ein Petersiliengangerl ist also hundertprozentig ein guter Auftakt für ein Liebesmenü. Die frischen Majoranblätter passen nicht nur geschmacklich vorzüglich zur Leber – sie sollen auch gegen Liebeskummer helfen und Schüchterne ermutigen. Brautpaaren schenkte man im Alten Rom einen Kranz aus frischem wilden Majoran als Glücksbringer. Ich hoffe, daß Ihnen mein majorangewürztes Petersiliengangerl auch das ersehnte Glück in der Liebe bringt!
Nach einem leichtbekömmlichen, kräuterduftenden Hauptgang, zu dem ich Ihnen einen gut gekühlten fruchtigen Roséwein, z. B. aus der Provence, empfehle, ist das Dessert dieses Liebesmenüs die Vollendung kulinarischer Verführungskünste. Was Eva mit einem – zugegeben, sicherlich besonders schönen und auf jeden Fall chemiefreien – Apfel frisch vom Baum schaffte, werden Sie doch mit diesem heißdampfenden, verlockend-duftenden Bratapfel auch noch hinkriegen...

Majoran.

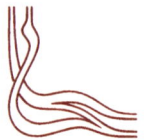

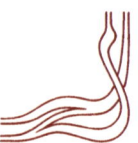

Petersiliengangerl mit gebratenen Kalbsleberstreifen

Zutaten:
1 Bund glatte Petersilie
1 Schalotte
40 g Butter
1/4 l Kalbsfond aus dem Glas
4 EL Sahne
1 dünne Scheibe Kalbsleber
2 Zweige frischer Majoran
Salz, frisch gemahlener Pfeffer

Zubereitung:

Petersilienblätter abzupfen, kurz waschen und auf einem Tuch abtropfen lassen. Die Schalotte schälen, in kleine Würfel schneiden und in 20 g zerlassener Butter glasig dünsten. Zwei Drittel der Petersilienblätter dazugeben und kurz mit anschwitzen. Mit Kalbsfond aufgießen und einmal aufkochen lassen. Von der Kochstelle nehmen und mit einem Pürierstab oder im Mixer pürieren. Die Suppe durch ein Sieb passieren, die Sahne dazugeben und noch einmal kurz aufkochen lassen.

Die Kalbsleber in dünne Streifen schneiden. Die restliche Butter in einer Pfanne erhitzen und die Leberstreifen rasch bei starker Hitze rundherum scharf anbraten. Die abgezupften, kleingehackten Majoranblätter dazugeben und mit Salz und Pfeffer würzen. *Zum scharfen Anbraten von Fleisch, wie hier für die Leber, bevorzuge ich eine Eisen- oder Gußpfanne.*

Das Petersiliensüppchen vor dem Servieren noch einmal mit dem Pürierstab aufschäumen. Die zurückbehaltenen Petersilienblätter hacken und mit den gebratenen Leberstreifen auf der Suppe anrichten.

Petersilie.

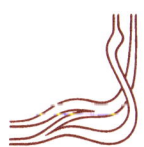

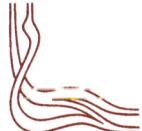

Glattbuttfilet mit Kräuterkruste überbacken, Fenchelgemüse und Kartoffeln

Zutaten:

400 g Glattbuttfilet,
ersatzweise Filets von Seezunge oder Heilbutt
Salz, frisch gemahlener Pfeffer
60 g Butter
1 kleine Knoblauchzehe
1 TL frisch geriebener Parmesan
1 TL gehackter Rosmarin
1 TL gehackter Thymian
1 TL gehackte Petersilie
30 g Semmelbrösel
Salz, frisch gemahlener Pfeffer
1 EL Öl zum Anbraten

Für das Fenchelgemüse:
2 kleine oder 1 große Fenchelknolle (ca. 300 g)
Salz
30 g Butter
knapp 1/8 l Fleischbrühe
3 EL trockener Weißwein
frisch gemahlener Pfeffer

Außerdem:
300 g Kartoffeln
Salz
20 g Butter
1 EL frisch gehackte Petersilie

Zubereitung:

Das Glattbuttfilet waschen, mit Küchenpapier abtrocknen und in zwei gleichgroße Stücke schneiden. Mit Salz und Pfeffer würzen.

Für die Kräuterkruste die weiche Butter cremig rühren. Die Knoblauchzehe schälen, fein wiegen und mit Parmesan und den feingehackten Kräutern unter die Butter mischen. Mit Salz und Pfeffer würzen und kaltstellen. Den Backofen auf 180° C vorheizen.

Die Kartoffeln schälen, waschen und in wenig kochendem Salzwasser in 15 – 20 Minuten garen.

Fenchel putzen, das Grün abschneiden und beiseite legen. Die Fenchelknollen auf einem Gurkenhobel quer zum Stiel in feine Scheiben hobeln. Salzen, gründlich vermischen und etwa 15 Minuten ziehen lassen. Die Hälfte der Butter erhitzen und die abgetropften Fenchelstreifen darin andünsten. Mit Brühe und Wein aufgießen und zugedeckt 10 – 15 Minuten garen. Anschließend den Gemüsefond abgießen, die restliche Butter in kleinen Flöckchen dazugeben und mit einem Pürierstab aufmixen. Den Fond wieder über dem Fenchelgemüse verteilen und mit dem frisch gehackten Fenchelgrün bestreuen.

Die Kartoffeln abgießen, gut abdampfen lassen und in heißer Butter goldbraun braten. Mit Petersilie bestreuen.

Die Fischfilets in heißem Öl von jeder Seite 2 Minuten braten, auf eine feuerfeste Platte legen, mit der Kräuterpaste bestreichen und im heißen Backofen in etwa 6 – 8 Minuten goldbraun überbacken.
Die überkrusteten Fischfilets mit dem Fenchelgemüse und den Kartoffeln auf zwei Tellern appetitlich anrichten.

Schuhbecks Tip:

Glattbutt ist ein erstaunlich wohlschmeckender Fisch, zwar nicht ganz so delikat wie der sündhaft teure Steinbutt, aber dafür auch wesentlich preiswerter. Bei französischen Hausfrauen, die gut zu Kochen verstehen, aber auch gerne etwas Haushaltsgeld für Kleidung und andere schöne Dinge sparen wollen, steht der Glattbutt hoch in Kurs.

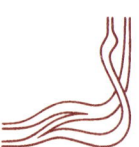

Bratapfel mit Vanillesauce

Zutaten:
Für die Vanillesauce:
1/2 Vanilleschote
40 g Zucker
5 EL Milch
5 EL Sahne
1 Eigelb
1 Ei

Für die Bratäpfel:
2 mittelgroße, aromatische Äpfel
1 EL Marzipan
1 TL gehackte Haselnüsse
1 EL gehackte Pistazien
1 EL Rum
10 g Butter
1/8 l halbtrockener Weißwein

Zubereitung:
Für die Vanillesauce die Vanilleschote aufschlitzen, das Mark herausschaben und mit 20 g Zucker in die Milch-Sahne-Mischung geben. Zum Kochen bringen.

Eigelb und Ei mit dem restlichen Zucker schaumig aufschlagen, die heiße Milchmischung dazugeben und über einem Wasserbad so lange aufschlagen, bis die Mischung dicklich wird. Kalt stellen.

Den Backofen auf 180° C vorheizen. Äpfel waschen und mit einem Apfelausstecher die Kerngehäuse entfernen. Das Marzipan mit den Haselnüssen, der Hälfte der Pistazien und Rum verrühren. Die Äpfel in eine feuerfeste Form stellen, mit der Marzipanmasse füllen und mit Butterflöckchen belegen. Im heißen Backofen ca. 20 – 25 Minuten backen, zwischendurch mit Wein begießen.

Bratäpfel auf zwei Teller verteilen, mit Vanillesauce begießen und mit den zurückgelassenen, gehackten Pistazien bestreuen.

Schuhbecks Tip:
Diese Vanillesauce hat außer dem Namen nichts mit dem stärkegebunden Fertigprodukt gemein. Eine leichte, vanilleduftende Sauce ist wie geschaffen für ein Liebesmenü!

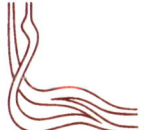

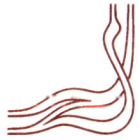

Muscheln im Rieslingsud

Kalbsrücken mit Pfifferlingen, Kartoffel-Zucchini-Auflauf

Ingwermousse mit flüssiger Schokolade

Muscheln zählen zu den wenigen Nahrungsmitteln, die kaum Kalorien enhalten und dennoch einen hohen Nährstoffgehalt aufweisen. Bemerkenswert viel Phosphor, Eisen, Zink, aber auch Vitamine der B-Gruppe, für ein gutes Nervenkostüm, stecken im leichtbekömmlichen Muschelfleisch. Eine optimale Ausgangsbasis für ein Liebesmenü – die Mineralstoffe bringen Power, die Vitamine entspannen und der niedrige Nährwert sorgt dafür, daß nicht nur der kulinarische Appetit erhalten bleibt. Dennoch glaube ich, daß die erotisierende Wirkung vorwiegend durch die Art des Essens entsteht. Genießerisch eine leere Muschel als Zange in die Finger nehmen und mit Genuß das Muschelfleisch aus der Schale lösen – dann mit Wonne verzehren und den Muschelsud mit einem Stückchen knusprigen Weißbrots aufsaugen – wenn »mann« da nicht auf lustvolle Gedanken kommt, dann weiß ich auch nicht mehr weiter.

Genau betrachtet ist der Hauptgang gänzlich überflüssig, dennoch ein Tip: Bevor die Muscheln serviert werden, alles für das Fleischgericht vorbereiten. Der Kartoffel-Zucchini-Gratin benötigt eine Dreiviertelstunde – Zeit, die Sie sinn(es)voll nutzen könnten, oder?

Wann immer Sie dann das Dessert vernaschen – Ingwer bringt den Kreislauf (erneut) in Wallung.

Fig. 374 Muschel.

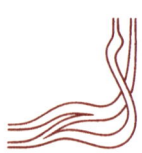

Muscheln im Rieslingsud

Zutaten:
1 kg Miesmuscheln
1 Möhre
1 Stengel Staudensellerie
3 – 4 cm einer Lauchstange
1 Knoblauchzehe
1 Schalotte
2 EL Öl
Salz
frisch gemahlener Pfeffer
1/8 l Riesling
1/2 Bund glatte Petersilie
knuspriges französisches Weißbrot

Zubereitung:
Die Muscheln sorgfältig verlesen, geöffnete Muscheln wegwerfen. Jede Muschel unter fließendem Wasser bürsten und dabei von den »Bärten« befreien. Auf einem Durchschlag abtropfen lassen.

Möhre, Sellerie- und Lauchstange waschen und wie die geschälte Knoblauchzehe und Schalotte in kleine Würfel schneiden. Das Öl in einem Kochtopf erhitzen und die Knoblauch- und Schalottenwürfel darin glasig dünsten. Das Gemüse hinzufügen, mit Salz und Pfeffer würzen und kurz mit anschwitzen. Mit Wein aufgießen, die geputzten Muscheln dazugeben und bei geschlossenem Topf etwa 4 – 5 Minuten garen, dabei den Topf gelegentlich schütteln.

Die Muscheln sind gar, wenn sich die Schalen geöffnet haben. *Muscheln, die nach dem Kochen geschlossen bleiben, unbedingt wegwerfen.* Die Muscheln mit frisch gehackter Petersilie bestreuen, kurz durchschütteln und auf zwei tiefe Teller verteilen. Knuspriges Baguette dazu reichen.

Schuhbecks Tip:
Am besten schmecken Muscheln mit der Hand gegessen. Leider sind die Muscheln von verschmutzten Meeren auch nicht verschont geblieben. So hin und wieder, zum Beispiel bei einem Liebesmenü, kann man sich die Meeresfrüchte dennoch gönnen.

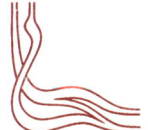

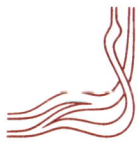

Kalbsrücken mit Pfifferlingen, Kartoffel-Zucchini-Auflauf

Zutaten:

Für den Kartoffel-Zucchini-Auflauf:
250 g festkochende Kartoffeln
1 kleiner Zucchino
1 Knoblauchzehe
20 g Butter
1 Zwiebel
100 ml Kalbsfond aus dem Glas
200 ml Sahne
Salz, frisch gemahlener Pfeffer
frisch geriebene Muskatnuß

Für den gebratenen Kalbsrücken:
2 Scheiben Kalbsrücken, je 200 g
Salz, frisch gemahlener Pfeffer
1 EL Öl
2 EL Kalbsfond aus dem Glas
200 g Pfifferlinge
1 Schalotte
20 g Butter
1 EL gehackte Petersilie

Zubereitung:

Kartoffeln und Zucchino waschen. Kartoffeln schälen und wie den Zucchino in dünne Scheiben schneiden. *Am besten geht es entweder mit dem Gurkenhobel oder mit einer Aufschnittmaschine.* Eine längliche Auflaufform mit den Schnittflächen einer halbierten Knoblauchzehe ausreiben, anschließend mit Butter einfetten. Die Kartoffel- und Zucchinischeiben schichtweise und leicht überlappend darin anordnen. Den Backofen auf 150° C vorheizen.

Die Zwiebel schälen, in Würfel schneiden und in der restlichen Butter glasig dünsten. Mit Kalbsfond und Sahne aufgießen und mit Salz, Pfeffer und Muskat würzen. Einmal aufkochen lassen und über den Kartoffel- und Zucchinischeiben verteilen. Im heißen Backofen in etwa 35 – 40 Minuten goldbraun backen.

Währenddessen die Fleischscheiben mit Salz und Pfeffer würzen und im heißen Öl bei starker Hitze von beiden Seiten jeweils 2 Minuten scharf anbraten. Herausnehmen und auf ein Sieb mit darunterliegendem Teller setzen. Den Bratensatz mit Kalbsfond ablöschen und kurz kochen lassen. Dann durch ein Sieb gießen.

Die Pilze putzen, größere Exemplare halbieren oder vierteln. Die geschälte Schalotte in kleine Würfel schneiden und in der Butter glasig dünsten. Die Pilze dazugeben und kurz darin anschwitzen, zum Schluß die gehackte Petersilie untermischen.

Nachdem der Auflauf fertig gegart ist, das Fleisch auf dem Gitter in den heißen Backofen geben und in 4 – 6 Minuten fertiggaren. Den abgetropften Fleischsaft mit der Sauce vermischen und noch einmal kurz durchkochen lassen.

Die Kalbrückensteaks mit den Pilzen belegen und mit Kartoffel-Zucchini-Auflauf und der Sauce anrichten.

Schuhbecks Tip:

Wenn Sie keine Pfifferlinge bekommen, nehmen Sie statt dessen kleine Steinpilze oder gezüchtete Shiitake-Pilze.

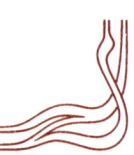

Ingwermousse mit flüssiger Schokolade

Zutaten:
2 Blatt weiße Gelatine
2 Eigelb
40 g Zucker
etwa 2 cm von einer frischen Ingwerwurzel
10 g Butter
1 EL Orangenlikör
1/8 l Sahne

Für die flüssige Schokolade:
50 g gute Zartbitterschokolade
2 EL Sahne

Zubereitung:
Die Gelatine in kaltem Wasser einweichen. Eigelb und Zucker schaumig schlagen.

Die Ingwerwurzel schälen und ein Stück davon auf der feinen Seite einer Rohkostreibe reiben. Es sollen etwa 1 TL Ingwerraspeln entstehen. Die restliche Wurzel in sehr kleine Würfel schneiden und mit Butter und Zucker in einer Pfanne goldgelb karamelisieren. Mit Orangenlikör aufgießen und die gut ausgedrückte Gelatine darin auflösen. Mit den Ingwerraspeln unter die Schaummasse mischen. Kalt stellen, bis die Creme leicht zu gelieren beginnt, dann die steif geschlagene Sahne vorsichtig unterheben.

Die Creme in zwei kleine Förmchen füllen und mindestens für 2 Stunden in den Kühlschrank stellen.

Die Schokolade in kleine Stücke brechen, in eine kleine Schale geben und über einem Wasserbad schmelzen lassen. Die Sahne unterrühren und als Spiegel auf zwei Teller gießen. Das gestürzte Ingwermousse darauf anrichten.

Schuhbecks Tip:
Falls Sie keinen frischen Ingwer zur Hand haben, greifen Sie auf Ingwersirup (Fertigprodukt) zurück und mischen kandierte Ingwerstückchen unter. Ingwerpulver sollten Sie nicht verwenden!

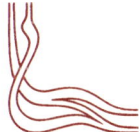

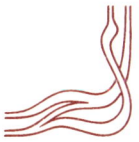

Lauchsuppe mit gerösteten Bauernbrotwürfeln

Pizza mit Krabben, Mozzarella, Kapern und Ananas

Topfenmousse auf marinierten Feigen

Jung, verliebt und wenig Geld – wer kennt das nicht. Eine kulinarische Verführung mit Austern, Kaviar und Trüffeln ist da nicht drin, außerdem erinnere ich mich noch, daß man in jungen Jahren darauf »Null Bock« hat. Deshalb ein ganz spezielles Liebesmenü für jugendliche Verliebte: Es schont den Geldbeutel, ist einfach in der Zubereitung und verfügt dennoch über zahlreiche aphrodisische Kräfte, die – auch oder gerade – bei jungen Lovern manchmal ganz nützlich sein können.

Zur Einstimmung einen feurig roten Campari auf Eis, mit einem bißchen frisch gepreßten Orangensaft aufgegossen. Die vielen Kräuter und Bitterstoffe und nicht zuletzt der Alkohol sind eine gute Grundlage für eine lockere entkrampfte Atmosphäre.

Für den nötigen Mut sorgt dann die Lauchsuppe, steht doch schon in der Edda: »Der König selbst ging aus dem Schlachtenlärm, dem jungen Helden edlen Lauch zu bringen«. So voller Mut, kann zur körperlichen Stärkung eine Pizza nicht schaden, noch dazu, wenn Sie mit eiweißspendenden Krabben und appetitfördernden Kapern belegt ist. Dazu ein Gläschen italienischer Rotwein, vielleicht ein leicht moussierender Lambrusco.

Das duftig zarte Topfenmousse, angereichert mit mineralstoffhaltigen Trockenfrüchten und garniert mit den seit 5000 Jahren als Glücksbringer geschätzen Feigen, ist der *kulinarische* Höhepunkt dieses Menüs – für alles weitere müssen Sie schon selber sorgen…

Fig. 51. Ananas.

Lauchsuppe mit gerösteten Bauernbrotwürfeln

Zutaten:
1 dünne Lauchstange
1 kleine Kartoffel, ca. 100 g
1/4 l Gemüsebrühe aus dem Glas
30 g Butter
5 EL Sahne
1 dünne Scheibe würziges Bauernbrot
1 TL frisch gehackte Petersilie

Zubereitung:
Von der Lauchstange das hintere grüne Ende und die Wurzeln entfernen, längs halbieren und unter fließendem Wasser gründlich waschen. Die Hälften in feine Streifen, die geschälte Kartoffel in Würfel schneiden.

Die Kartoffelwürfel in der Brühe in etwa 15 Minuten weichkochen.

20 g Butter in einem Kochtopf erhitzen und die Lauchstreifen darin anschwitzen. Die Kartoffeln mitsamt der Brühe mit einem Pürierstab oder im Mixer fein pürieren und den angedünsteten Lauch damit ablöschen. Die Sahne dazugießen, mit Salz, Pfeffer und Muskat würzen und kurz durchkochen lassen.

Das Bauernbrot in kleine Würfel schneiden und in der restlichen Butter goldbraun und knusprig braten. Die Suppe auf zwei tiefe Teller verteilen und mit Brotwürfeln und Petersilie bestreut servieren.

Schuhbecks Tip:
Wer Cremesuppen bevorzugt, dünstet Kartoffeln und Lauch gemeinsam an und püriert es dann miteinander. Vor dem Auftragen noch einmal mit einem Pürierstab aufmixen, und wer nicht so sehr auf Kalorien achten muß, zieht 1 Löffel Schlagsahne unter die Suppe.

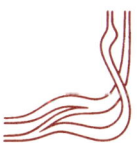

Pizza mit Krabben, Mozzarella, Kapern und Ananas

Zutaten:

1 fertiger Pizzateig für 2 Personen
oder Teig selber zubereiten aus:
200 g Mehl
1 Prise Salz
10 g frische Hefe
1/8 l lauwarmes Wasser
1 EL Olivenöl

Für den Belag:

4 EL Tomatenstücke aus der Dose
Salz, frisch gemahlener Pfeffer
1/2 TL getrockneter Oregano
100 g ausgelöste Krabben
1 EL möglichst kleine Kapern
1/4 frische Ananas
250 g Mozzarella
2 EL Olivenöl

Herbstlicher Salatteller:

etwa 80 g gemischte Salatblätter,
z. B. Eichblattsalat, Radicchio,
Kopfsalat, Eisbergsalat
1 Schalotte
1/2 Bund Schnittlauch
1 – 2 EL Rotweinessig
Salz, frisch gemahlener Pfeffer
1 Prise Zucker
1 EL kaltgepreßtes Olivenöl
2 EL geschmacksneutrales Öl

Zubereitung:

Für den selbstzubereiteten Pizzateig Mehl und Salz vermischt in eine Schüssel geben, in die Mitte eine Vertiefung drücken und die Hefe hineinbröckeln. Mit etwas lauwarmem Wasser verrühren und etwa 15 Minuten gehen lassen. Dann das restliche Wasser und das Öl dazugießen und mit einem Kochlöffel oder den Knethaken eines Handrührgerätes so lange schlagen, bis sich der Teig vom Schüsselboden löst und einen leichten Glanz bekommt. An einem warmen Ort etwa 1 Stunde gehen lassen, bis sich der Teig fast verdoppelt hat. *Sehr viel einfacher geht die Pizza natürlich, wenn man auf einen fertigen Pizzateig zurückgreift, den es heute schon in erstaunlich guter Qualität gibt. Einige muß man noch auf die gewünschte Größe ausrollen, andere sind schon fix und fertig zum Belegen vorbereitet.* Den Backofen auf 250° C, wenn möglich mit Unterhitze vorheizen.

Aus dem Pizzateig entweder zwei kleine oder eine große runde Platte ausrollen. Tomatenstücke mit Salz, Pfeffer und Oregano würzen und den Boden damit bestreichen. Krabben, Kapern und die in kleine Stückchen geschnittene Ananas darauf verteilen. Den Mozzarella in kleine Würfel schneiden und gleichmäßig über den Belag streuen. Mit Olivenöl beträufeln und auf der unteren Schiene des vorgeheizten Backofens 15 – 20 Minuten backen.

Die gewaschenen und in mundgerechte Stücke zerteilten Salatblätter in eine Schüssel geben. Die Schalotte schälen und in kleine Würfel geschnitten darüber verteilen. Aus Essig, Salz, Pfeffer, Zucker und den beiden Ölsorten eine Vinaigrette rühren und den Salat damit marinieren.

Schuhbecks Tip:

Frische Tomatenstücke schmecken zwar besser, aber nur in der echten Tomatenzeit. Ansonsten sind Tomatenstücke aus der Dose aromatischer als das Fruchtfleisch der blassen, von der Sonne verschonten Treibhaustomaten. Übrigens, italienische Hausfrauen machen sich selten die Mühe mit dem Häuten der Tomaten – sie schwören auf die eingelegten länglichen Pelati-Tomaten.

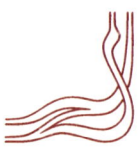

Topfenmousse auf marinierten Feigen

Zutaten:
Für die Creme:
1 getrocknete Feige
2 getrocknete Aprikosen
1 TL Currypulver
1 EL Rum
1 Blatt weiße Gelatine
125 g Topfen (Magerquark)
2 EL Zucker
etwas abgeriebene Schale
einer unbehandelten Zitrone
1 Msp Vanillemark
1 Eiweiß
100 g geschlagene Sahne

Für das Feigenkompott:
2 reife blaue Feigen
1/8 l schwarzer Johannisbeersaft
2 EL roter Portwein
1 EL Zucker

Außerdem:
2 Minzezweige

Zubereitung:
Die getrockneten Früchte in winzig kleine Würfel schneiden. Mit Curry bestäuben und mit Rum vermischen und mindestens 15 Minuten marinieren. *Es gibt sehr unterschiedliche Currysorten – achten Sie auf gute Qualität. Ganz besonders feine Currys bekommt man in Asien-Läden.*

Die Gelatine in kaltem Wasser einweichen. Topfen mit 1 EL Zucker, Zitronenschale und Vanillemark glattrühren. Das Eiweiß mit dem restlichen Zucker zu steifem Schnee schlagen. Die Gelatine gut ausdrücken und bei schwacher Hitze auflösen. Einen Löffel von der Quarkmasse mit der flüssigen Gelatine vermischen, dann alles gründlich verrühren. Die marinierten Früchte, den Eischnee und die Sahne locker unterheben. Die Masse in kalt ausgespülte Souffléförmchen füllen und im Kühlschrank in etwa 2 Stunden erstarren lassen.

Von den frischen Feigen die Haut abziehen, und die Früchte halbieren. Den Johannisbeersaft mit Portwein und Zucker zum Kochen bringen. Die Fruchthälften hineingeben und wenige Minuten pochieren, zwischendurch die Früchte einmal wenden. Jeweils zwei Fruchthälften auf einen Teller legen und den Saft etwa um die Hälfte einkochen lassen. Die Topfenmousse auf die Teller stürzen und die Feigen mit dem Johannisbeersirup überziehen. Mit je einem Minzezweig garnieren.

Schuhbecks Tip:
Grüne Feigen schmecken leicht säuerlich, die blau-violetten Sorten intensiv süßlich.

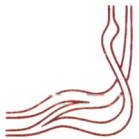

Winter

Rote-Bete-Gratin

Gebackene Hechtschnitzel mit Kartoffelpüree, Chinakohl und Feldsalat

Lebkuchentarte mit Orangen

Gemüse spielte früher eine bedeutende Rolle, wenn es um Liebesnahrung ging. Heute, nachdem fast alles wissenschaftlich erforscht ist, schätzt man Möhren, Sellerie, Rote Bete, Spargel und Co. in erster Linie wegen des hohen gesundheitlichen Wertes. Meiner Meinung nach schließt das eine das andere nicht aus. Wer gesund und fit ist, hat mehr Spaß und Lust am aktiven Liebesleben.
Rote Bete stecken voller Mineralstoffe, allen voran natürlich Eisen und Kupfer für die Blutbildung. Da erwiesenermaßen die ersten Anzeichen von Blutarmut Müdigkeit und Schlappheit sind – nichts wie ran an die Rüben. Damit aber nicht nur die Körperkräfte, sondern gleichzeitig der erotische Appetit gesteigert wird – die frisch geriebene Muskatnuß nicht vergessen.
Vielleicht haben Sie es beim Blättern in dem Buch schon gemerkt – dieses aromatische Gewürz zieht sich wie ein roter Faden durch die Liebesmenüs. Wo immer es paßt – bei Kartoffelgerichten, zu Rosenkohl, Blattspinat oder Rote Bete: immer mal kurz mit der Nuß über die Reibe fahren – irgendwann trägt es sicherlich auch bei Ihnen zur Vermehrung der erotischen Freuden bei.
Der knusprig leichte Fischgang mit dem knackigen Salat sorgt dafür, daß Ihr soeben frisch gewonnener Elan erhalten bleibt, denn: betört vom magischen Duft der gewürzträchtigen Lebkuchentartes sehen Sie ohne körperliche Fitness wahrscheinlich ganz schön alt aus.

Fig. 322. Hecht.

Rote-Bete-Gratin

Zutaten:

2 kleine rote Beten
1 EL Öl
10 g Butter
Salz, frisch gemahlener Pfeffer
1 Msp gemahlener Kümmel
1 Msp getrockneter Majoran
1 TL Balsamessig
3 – 4 EL Wasser
1 Eigelb
1 EL frisch geriebener Meerrettich
frisch geriebene Muskatnuß
2 EL geschlagene Sahne

Zubereitung:

Die roten Beten schälen und in 1 cm große Würfel schneiden. Öl und Butter in einer Pfanne erhitzen und die Gemüsewürfel darin anschwitzen. Mit Salz, Pfeffer, Kümmel und Majoran würzen und mit Essig ablöschen. Zugedeckt garen und dabei immer wieder ein wenig Wasser dazugießen. Die roten Beten müssen weich und die Flüssigkeit muß verdampft sein. Den Grill oder den Backofen auf 250°C vorheizen.

Die Gemüsewürfel auf zwei tiefe Teller verteilen. Eigelb und frisch geriebenen Meerrettich verrühren und mit Muskat und etwas Salz würzen. Die steif geschlagene Sahne unterziehen und über die roten Beten verteilen. In wenigen Minuten unter dem heißen Grill oder Backofen goldbraun überbacken und sofort servieren.

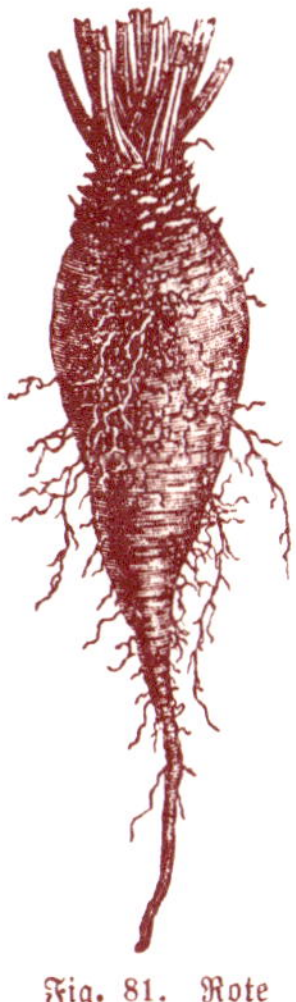

Fig. 81. Rote Rübe.

Gebackene Hechtschnitzel mit Kartoffelpüree, Chinakohl und Feldsalat

Zutaten:

4 dünne Scheiben Hechtfilet,
je ca. 100 g
Salz, frisch gemahlener Pfeffer
2 – 3 EL Mehl
2 Eier
ca. 60 g Semmelbrösel
Öl und etwas Butter zum Braten
1 Zitrone

Für das Kartoffelpüree:

250 g mehligkochende Kartoffeln
Salz
30 g Butter
4 – 5 El Milch
frisch geriebene Muskatnuß

Für den Salat:

60 g Feldsalat
50 g Chinakohlsalat
1 Schalotte
1 EL Rotweinessig
1 TL Balsamessig
1 EL Kalbsfond aus dem Glas
Salz, frisch gemahlener Pfeffer
3 EL Öl

Zubereitung:

Die Hechtfiletschnitzel waschen, trockentupfen und mit Salz und Pfeffer würzen. Drei tiefe Teller bereitstellen und in einen das Mehl, in den anderen die verquirlten Eier und in den dritten die Semmelbrösel geben. Die Fischschnitzel nacheinander darin wenden. Die Panade gut festdrücken und überschüssige Semmelbrösel abklopfen. Kalt stellen.

Für das Püree die gewaschenen Kartoffeln in wenig Wasser in 20 – 30 Minuten garen. Dann das Kochwasser abschütten, die Kartoffeln abdampfen lassen, schälen und entweder durch eine Kartoffelpresse drücken oder mit dem Kartoffelstampfer zermusen. Die Butter in der Milch erhitzen und mit einem Schneebesen unter die Kartoffeln rühren. *Auf keinen Fall mit einem elektrischen Handrührgerät arbeiten, sonst wird der Brei zäh wie Kleister.* Das Püree mit Salz und Muskat würzig abschmecken.

Feldsalat sorgfältig putzen und mehrmals waschen, damit alle Sandteilchen herausgespült werden. Den Chinakohl waschen und in feine Streifen, die geschälten Schalotten in kleine Würfel schneiden und mit den übrigen Salatzutaten in einer Schüssel vermischen. Aus den Essigsorten, Kalbsfond, Salz, Pfeffer und Öl eine Vinaigrette zubereiten und den Salat damit anmachen.

Die panierten Hechtschnitzel in heißem Öl und Butter von beiden Seiten goldbraun braten, auf einem Küchenpapier kurz abfetten lassen und mit Kartoffelpüree und Salat anrichten.

Schuhbecks Tip:

Anstelle des Hechtfilets kann man auch Zander oder ein Meeresfischfilet, z. B. Heilbutt, panieren und goldbraun braten.

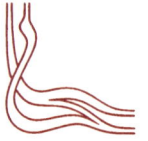

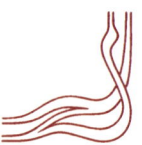

Lechkuchentarte mit Orangen

(Für 4 Portionen)

Zutaten:

150 g fertiger Blätterteig
1/8 l Milch
20 g Mehl
1 TL Lebkuchengewürz
1 Msp gemahlener Zimt
2 EL feingehackte Schokolade
2 Eiweiß
40 g Zucker
1 Eigelb
2 Orangen
2 EL Orangenmarmelade
2 EL steif geschlagene Sahne

Zubereitung:

Blätterteig etwa 2 mm dick ausrollen und mit Hilfe einer Schüssel 4 gleichgroße runde Plätzchen ausstechen. Auf ein mit Backpapier ausgelegtes Backblech legen und kalt stellen. Den Backofen auf 180° C vorheizen.

3 EL von der Milch abnehmen und das Mehl damit anrühren. Die restliche Milch mit den Gewürzen erhitzen und das angerührte Mehl in die kochende Milch gießen. 2 – 3 Minuten kochen lassen, dann von der Kochstelle nehmen und die feingehackte Schokolade unterrühren. Die Masse etwas abkühlen lassen. Eiweiß zu steifem Schnee schlagen, dabei den Zucker einrieseln lassen. *Wie schon erwähnt – nicht zu rasch schlagen, denn je mehr Luft in den Eischnee gelangt, desto schaumiger wird er.*

Das Eigelb unter die Creme rühren und zum Schluß das steifgeschlagene Eiweiß locker unterheben. Jeweils 2 – 3 EL davon auf die Blätterteigplätzchen geben, dabei einen 1 cm breiten Rand lassen. In 10 – 12 Minuten goldbraun backen.

Die Orangen so dick schälen, daß die weiße Haut völlig entfernt ist, und die Fruchtsegmente mit einem scharfen Messer aus den Zwischenhäuten trennen. Den dabei entstehenden Saft auffangen, mit der Orangenmarmelade verrühren und erwärmen. Die Fruchtfilets in die heiße Marmelade legen und 1 – 2 Minuten marinieren.

Die fertig gebackenen Lebkuchentartes mit den Orangenspalten sternförmig belegen. Etwas abgekühlt mit eiskalter geschlagener Sahne servieren. *Ein paar Tropfen Orangenlikör und etwas von der Marmelade unter die Sahne gemischt schmecken prima.*

Schuhbecks Tip:

Die Tartes zur Abwechslung mal mit frisch gehackten Pistazien bestreuen. Auch Himbeersauce paßt sehr gut zu diesem Dessert. Die restlichen zwei Tartes einfrieren oder am nächsten Tag noch einmal kurz erwärmen und zum Nachmittagskaffee genießen.

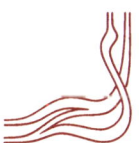

Austern auf Blattspinat mit Champagnersauce

In Rotwein geschmorte Kaninchenkeulen mit Spätzle

Traubenstrudel

Es gibt Augenblicke im Leben, da kann es nicht festlich genug sein, dann sind Austern mit Champagnersauce genau das Richtige.
Wer vorhat, den Partner nach allen Regeln der Kunst zu verführen und zu erotisieren, der kann auf diesen aphrodisischen Gaumenkitzel keinesfalls verzichten. Zusammen mit der Champagnersauce und natürlich einem Glas Champager weckt diese exquisite Schlemmerei wie kaum eine andere die Lust und das Verlangen. Natürlich dürfen Kerzenlicht, romantischer Tischschmuck – zum Beispiel einige leere Austernschalen mit Rosenblüten gefüllt – und die passende Musik nicht fehlen. Wenn Ihr Outfit dann auch noch richtig anziehend ist, wird es nicht allzulange dauern, bis es zur Sache geht. Das weitere Menü ist dementsprechend zusammengestellt – das Kaninchen wird durch längeres Schmoren eher noch besser, und falls der Strudel zu kalt geworden ist – kurz im Backofen erwärmen. Kleine Anmerkung zum Schluß – Weintrauben werden schon seit der Eiszeit als »Muntermacher« geschätzt – vielleicht haben Sie das jetzt nötig…

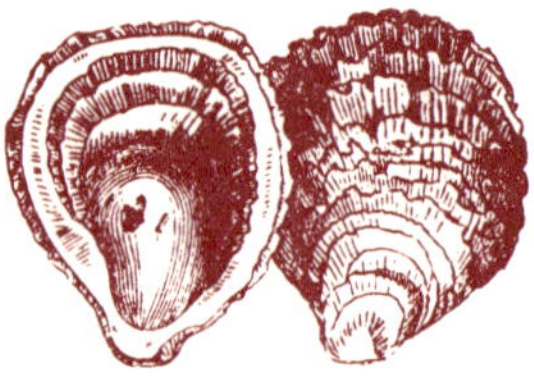

Fig. 372. Auster.

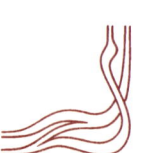

Austern auf Blattspinat mit Champagnersauce

Zutaten:
10 Austern
200 g frischer Blattspinat
Salz
2 Schalotten
50 g Butter
frisch gemahlener weißer Pfeffer
frisch geriebene Muskatnuß
1/8 l Sahne
6 EL Champagner
Cayennepfeffer
1 TL Zitronensaft
1 TL feingeschnittener Schnittlauch

Zubereitung:
Die Austern am besten mit Hilfe eines Austernmessers aufbrechen und das Fleisch herauslösen. Die Flüssigkeit in eine Schale gießen.

Spinat verlesen, putzen und gründlich waschen. In Salzwasser kurz blanchieren und in eiskaltem Wasser abschrecken. 1 Schalotte schälen, in Würfel schneiden und in 10 g Butter glasig dünsten. Die Spinatblätter dazugeben und kurz durchschwenken.

Die andere Schalotte schälen, in Würfel schneiden und ebenfalls in 10 g Butter andünsten. Mit Sahne aufgießen und so lange bei starker Hitze einkochen lassen, bis die Sahne sämig ist. Mit Champagner aufgießen, kurz aufkochen lassen und mit Salz, Pfeffer, Cayennepfeffer und Zitronensaft würzig abschmecken. Die Austern samt durchgesiebter Austernflüssigkeit in die Sauce geben und nach 20 Sekunden wieder mit einem Löffel herausholen.

Den Blattspinat auf zwei Tellern anrichten und mit den Austern belegen. Die Sauce mit einem Pürierstab noch einmal aufmixen und dabei die restliche Butter in kleinen Flöckchen dazugeben. Die Sauce über den Austern verteilen, mit feingschnittenem Schnittlauch bestreuen und mit den leeren Austernschalen anregend garnieren.

Schuhbecks Tip:
Die Austern auf keinen Fall länger als angegeben in der Sauce pochieren, da sie sonst zäh werden. Richtige Austernfans legen die Austern roh auf den Spinat und geben dann die Sauce darüber – das überlasse ich Ihrem Geschmack.

In Rotwein geschmorte Kaninchenkeulen mit Spätzle

Zutaten:

2 Kaninchenkeulen
1 Möhre
1 Zwiebel
1/4 l Rotwein
1 EL Rotweinessig
1/2 Lorbeerblatt
1 Gewürznelke
5 Pfefferkörner
1 Thymianzweig
Salz, frisch gemahlener Pfeffer
2 EL Öl
1 TL Tomatenmark
1/4 l Fleischbrühe

Für die Spätzle:
200 g Mehl
1/2 TL Salz
4 Eier
1 TL Öl
10 g Butter
frisch geriebene Muskatnuß

Zubereitung:

Die Kaninchenkeulen waschen, trockentupfen und gegenläufig in eine Form legen. Möhre und Zwiebel schälen und in Stücke geschnitten über dem Fleisch verteilen.

Rotwein, Essig, Gewürze und Thymian in einen Topf geben und zum Kochen bringen. Die Keulen mit dem abgekühlten Sud übergießen und zugedeckt mindestens 1 Tag marinieren.

Das Fleisch herausnehmen, gut abtrocknen und mit Salz und Pfeffer einreiben. Das Öl in einem Schmortopf erhitzen und die Keulen rundherum scharf anbraten. Das Gemüse mit einem Schaumlöffel aus der Marinade heben, gut abtropfen lassen und mit dem Tomatenmark zum Fleisch geben. Mitanbraten, dann mit Brühe und Marinade aufgießen und zugedeckt bei schwacher Hitze etwa 1 Stunde schmoren lassen.

Inzwischen für den Spätzleteig Mehl, Salz, Eier und Öl in eine Schüssel geben und mit den Knethaken eines Handrührgerätes so lange durcharbeiten, bis der Teig Blasen wirft. Falls der Teig zu fest ist, 1 – 2 EL Wasser zufügen.

In einem großen Kochtopf reichlich Wasser erhitzen und entweder – wie es die Schwaben machen – die Spätzle von einem angefeuchteten Holzbrett mit einem Messer in feinen Streifen in das kochende Wasser schaben oder einen Spätzlehobel zur Hilfe nehmen. Sobald die Spätzle an der Oberfläche schwimmen, mit einem Schaumlöffel herausheben und in kaltes Wasser geben. *Ich empfehle Ihnen, gleich die doppelte Menge zuzubereiten und die gekochten und abgeschreckten Spätzle sofort einzufrieren. So hat man schnell eine köstliche Beilage.*

Die Kaninchenkeulen aus dem Schmorsud nehmen, das Fleisch von den Knochen lösen und warmstellen. Die Schmorflüssigkeit um etwa die Hälfte einkochen lassen, dann durch ein feines Sieb streichen und falls nötig noch einmal nachwürzen. Das Fleisch zurück in die Sauce geben und kurz erwärmen.

Die Spätzle kurz in heißer Butter schwenken und mit Salz und einem Hauch frisch geriebener Muskatnuß würzen. Spätzle und geschmortes Kaninchen jeweils in eine Schüssel geben und auftragen.

Traubenstrudel

(Für 4 Portionen)

Zutaten:

1/2 Packung fertiger Strudelteig
oder selber zubereiten aus:
125 g Mehl
1 Prise Salz
1 EL Öl
3 – 5 EL lauwarmes Wasser

Für die Füllung:

500 g blaue und weiße Trauben
2 EL Topfen (Magerquark)
4 EL Sahne
1 EL Marzipan
2 EL Zucker
etwas abgeriebene Schale
einer unbehandelten Zitrone
2 EL geröstete Mandelblättchen
40 g flüssige Butter
Puderzucker zum Bestäuben

Zubereitung:

Aus den angegebenen Zutaten einen Strudelteig herstellen und zugedeckt ruhen lassen. *Wer auf fertigen Teig zurückgreift, spart sich viel Mühe.*

Den Teig auf einem Geschirrtuch zu einem Rechteck ausrollen und über den Handrücken hauchdünn ausziehen. Die Trauben halbieren und falls nötig entkernen. Den Backofen auf 180° C vorheizen.

Topfen, Sahne, Marzipan, Zucker und Zitronenschale glattrühren. Die ausgezogene Strudelplatte erst mit der Hälfte der flüssigen Butter, dann mit der Topfenmasse bestreichen. Trauben und Mandelblättchen gleichmäßig darauf verteilen und den Strudel von der Längsseite her mit Hilfe des Tuches aufrollen. Auf ein gefettetes Backblech gleiten lassen, Schnittkante nach unten, und die Oberfläche mit der restlichen Butter bepinseln.

Den Strudel im heißen Backofen 25 – 30 Minuten backen. Ein wenig abkühlen lassen und mit Puderzucker bestäuben. Am besten mit einem Sägemesser in Stücke schneiden. Entweder mit steifgeschlagener Sahne oder mit Vanilleeis servieren und mit je einem Minzezweig garnieren.

Schuhbecks Tip:

Ersetzen Sie die Mandelblättchen durch Pinienkerne, die sind zwar ziemlich teuer, haben aber ein sehr feines Aroma. Traubenstrudel kann man gut einfrieren.

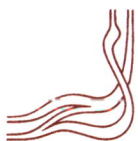

Winterlicher Salat mit gebratener Entenleber und Granatapfel-Vinaigrette

Seeteufel mit weiß-grünem Petersilienpüree

Pistaziencreme auf Orangenfilets

Ein absoluter Powersalat – kein Wunder, daß den Italienern der Ruf vorausgeht, die besseren Liebhaber zu sein. Wer sich mit soviel Geschmack dopt, der ist natürlich – in jeder Beziehung – gut drauf. Versuchen Sie es doch auch einmal mit diesem kulinarischen Potenzmittel. Sie müssen dazu weder Arzt noch Apotheker befragen – ledigliche eine attraktive Dame einladen und mit ihr diesen Supersalat genießen. Risiken und Nebenwirkungen sind durchaus nicht immer unerwünscht…
Seit der Zeit des Königs Salomon und der Königin von Saba gelten nämlich die rotbackigen, mit einer Vielzahl saftiger Kerne gefüllten Granatäpfel als Fruchtbarkeitssymbol. Aller Wahrscheinlichkeit nach war es auch nicht der uns bekannte Apfel, sondern ein Granatapfel, der die paradiesischen Zeiten von Adam und Eva jäh beendete.
Nach diesem raffinierten Fitmacher üben beim Fischgericht Phosphor und Jod einen positiven Einfluß auf das Gefühlsleben aus, unterstützt von der Vitamin-C-reichen Petersilie, die ihrem Tatendrang zusätzlich auf die Sprünge hilft. Dazu ein fruchtiger Weißwein, z. B. ein Soave, ein paar charmante Komplimente und nicht zu lange warten mit dem auf der Zunge zergehenden, verlockend-sinnlichen Dessert. Pistazien, so sagt man, sollen jede noch so versteckte Liebeslust ans Tages- bzw. Kerzenlicht bringen. Na, dann viel Spaß beim Entdecken…

Fig. 69. Apfel.

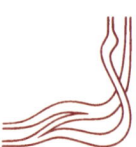

Winterlicher Salat mit gebratener Entenleber und Granatapfel-Vinaigrette

Zutaten:
1 EL Rosinen
2 – 3 EL Rotwein
1 Granatapfel
1 EL möglichst kleine Kapern
1 TL Balsamessig
1 EL Rotweinessig
Salz, frisch gemahlener Pfeffer
1 TL dünnflüssiger Honig
1 EL kaltgepreßtes Olivenöl
3 EL geschmacksneutrales Öl
60 g Eichblattsalat
100 g Entenleber
2 EL Geflügelfond aus dem Glas

Zubereitung:
Die Rosinen mit Wein begießen und einige Stunden zugedeckt einweichen. Den Granatapfel quer halbieren und die saftigen Kerne herauslösen. Mit den Kapern und den eingeweichten Rosinen samt Einweichflüssigkeit vermischen.

Die beiden Essigsorten, Salz, Pfeffer, Honig, Olivenöl und 2 EL Öl zu einer glatten Salatsauce verrühren und zu der vorbereiteten Granatapfelmischung geben.

Eichblattsalat putzen, waschen, gut abtropfen lassen und in mundgerechte Stücke teilen.

Die Entenleber säubern, von eventuell anhaftenden Fett- und Sehnenteilen befreien und in Stücke schneiden. Das restliche Öl erhitzen und die Leberstücke darin von allen Seiten wenige Minuten scharf anbraten. Herausnehmen und warmhalten. Den Bratensatz mit Kalbsfond ablöschen und um die Hälfte einkochen lassen. Die Entenleber in dem Bratensaft schwenken.

Den Eichblattsalat mit der Granatapfelvinaigrette in einer großen Schüssel anmachen, auf zwei Teller verteilen und mit den glasierten Leberstückchen belegen.

Schuhbecks Tip:
Diese Rezeptidee stammt aus einem alten italienischen Kochbuch, und ich bin absolut begeistert davon – nicht nur der aphrodisischen Kräfte wegen…

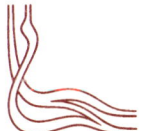

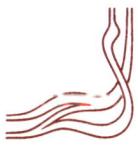

Seeteufel mit weiß-grünem Petersilienpüree

Zutaten:
4 Scheiben Seeteufel, je ca. 100 g
Salz, frisch gemahlener Pfeffer
250 g Petersilienwurzeln
1/8 l Fleischbrühe
1/8 l Sahne
frisch geriebene Muskatnuß
20 g Butter
2 EL geschlagene Sahne
1 – 2 EL feingehackte glatte Petersilie
2 EL Öl
Saft von 1/2 Zitrone

Für die Reiberdatschi:
250 g festkochende Kartoffeln
1 Ei
Salz, frisch gemahlener Pfeffer
Öl zum Braten

Zubereitung:
Die Seeteufelfilets waschen, trockentupfen und mit Salz und Pfeffer würzen. *Seeteufel ist auch unter der Bezeichnung Lotte bekannt.*

Petersilienwurzeln waschen, schälen und in kleine Stücke schneiden. Mit Brühe und Sahne in einen Topf geben und zugedeckt bei mittlerer Hitze weichkochen. Mit Salz, Pfeffer und Muskat würzen und mit einem Pürierstab oder im Mixer fein pürieren, dabei die Butter in kleinen Stückchen hinzufügen. Kurz vor dem Servieren die Sahne unterziehen und das Mus halbieren. Unter eine Hälfte die gehackte Petersilie mischen.

Für die Reiberdatschi die geschälten, gewaschenen Kartoffeln reiben, mit Ei verrühren und mit Salz und Pfeffer würzen. In einer beschichteten Pfanne etwas Öl erhitzen. Mit einem Eßlöffel kleine Häufchen der Kartoffelmasse hineinsetzen, mit dem Löffelrücken flachdrücken und auf beiden Seiten goldbraun und knusprig braten.

In einer zweiten Pfanne das Öl erhitzen und die Lottescheiben darin auf jeder Seite 2 – 3 Minuten braten. Mit Zitronensaft beträufeln und auf zwei vorgewärmte Teller geben. Die zweierlei Petersilienpürees und die Reiberdatschi appetitlich dazu anrichten.

Schuhbecks Tip:

Lotte oder Seeteufel ist ein Fisch für alle, die nur deshalb keinen Fisch essen, weil sie Angst vor Gräten haben. Das feine, feste Fleisch ist völlig grätenlos, es hat nur einen knorpeligen Mittelknochen und erinnert geschmacklich ein wenig an Hummer.

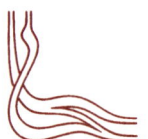

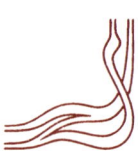

Pistaziencreme auf Orangenfilets

Zutaten:
2 Blatt Gelatine
1 Vanilleschote
2 Eigelb
30 g Zucker
1 EL Orangenlikör
1/8 l Sahne
2 EL gehackte Pistazien
1 Orange
1 EL Orangenmarmelade
2 Zweige Zitronenmelisse

Zubereitung:
Gelatine in kaltem Wasser einweichen. Die Vanilleschote der Länge nach halbieren und das Mark herauskratzen.

Eigelb mit Zucker und Vanillemark so lange mit einem Schneebesen schlagen, bis eine dickschaumige Creme entsteht. Die gut ausgedrückte Gelatine mit dem Orangenlikör und einem Eßlöffel Wasser bei schwacher Hitze auflösen. Die Sahne steif schlagen. Etwas von der Sahne mit der Gelatine verrühren und dann mit der Schaummasse vermischen.

Pistazien und die restliche Sahne unterheben. Die Creme in eine höhere Schüssel füllen und in etwa 2 Stunden im Kühlschrank erstarren lassen.

Die Orange so dick schälen, daß die weiße Haut völlig entfernt ist, und die Fruchtsegmente mit einem scharfen Messer herausfiletieren. Den dabei entstehenden Saft auffangen und mit der Orangenmarmelade erhitzen. Die Orangenfilets einige Minuten hineinlegen, dann auf zwei Tellern hübsch anordnen. Mit zwei nassen Löffeln Nockerl aus der Creme formen und auf den Tellern anrichten. Mit Zitronenmelissezweigen verzieren.

Schuhbecks Tip:
Im Frühling serviere ich diese Creme mit frischer Erdbeersauce.

Fig. 158. Orange.

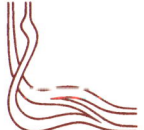

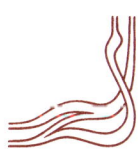

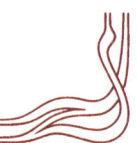

Fischsuppe mit Safran

Kalbsvögerl mit Kartoffel-Wirsing-Püree

Apfelküchcherl mit Vanilleeis

Wie sehr Essensgenuß und Liebeslust im 19. Jahrundert vereint waren, beweisen ganz deutlich die vielen »Chambres separées«.
Ein Essen zu zweit, in mit Eßtischchen, Stühlen und Kanapee ausgestatteten verschwiegenen Räumlichkeiten, war eine von vornherein geplante Verführungsstrategie. Logisch, das dabei auch alles auf den Tisch kam, was nur irgendwie die Sinne erregte, die Lust förderte und die Potenz stärkte. Gewürze spielten dabei eine wesentliche Rolle, da man überzeugt war, daß Düfte emotionale Empfindungen auslösen und das Sexualzentrum stimulieren.
Der damals wie heute überaus kostbare Safran durfte bei fast keinem dieser Liebesmenüs fehlen. Testen Sie einmal die erotisierende Safranwirkung beim Löffeln dieses köstlichen Fischsüppchens. Ergänzend dazu empfehle ich Ihnen ein Gläschen gut gekühlten Fino-Sherry, der entspannt und sorgt für eine gelöste Stimmung.
Der Hauptgang ist ideal für Winterabende, sättigend, aber keinesfalls auf den Magen drückend. Ein Gläschen halbtrockener Weißwein, z. B. ein Riesling von der Mosel, schmeckt vorzüglich dazu und weckt die Sinne für weitere Gelüste. Der intensive Thymianduft sorgt dafür, daß das bei der Vorspeise gewonnene Lustempfinden auf keinen Fall nachläßt.
Das Tüpfelchen auf dem »i« ist dann jedoch der Vanilleduft des Desserts – wenn das nicht anregt, ist alles zu spät. Nicht umsonst hat man den Genuß von Vanille früher in Klöstern untersagt.

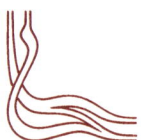

Fischsuppe mit Safran

Zutaten:

250 g Fischfilet vom Zander oder Heilbutt
1 kleiner Kohlrabi
1 dünne Stange Lauch
1 Schalotte
1 Knoblauchzehe
20 g Butter
1/2 l Fischfond aus dem Glas
1 Msp gemahlener Safran
Salz, frisch gemahlener weißer Pfeffer
etwas Zitronensaft
2 EL Crème double
1 TL feingeschittener Schnittlauch

Zubereitung:

Das Fischfilet waschen, trockentupfen und in Würfel oder Streifen schneiden. Kohlrabi schälen und in dünne Scheiben, dann in schmale Streifen schneiden. Den Lauch längs halbieren, gründlich unter fließendem Wasser waschen und ebenfalls streifig schneiden.
Die geschälte, in Würfel geschnittene Schalotte und die Knoblauchzehe in der Butter glasig dünsten, das Gemüse dazugeben und mit anschwitzen. Mit Fischfond aufgießen und mit Safran, Salz und Pfeffer würzen. 6 – 8 Minuten bei schwacher Hitze köcheln lassen.

Die Fischstücke mit Salz und Pfeffer würzen, mit Zitronensaft beträufeln und in die Gemüse-Safransuppe geben. 2 Minuten ziehen lassen, dann die Fischstücke mit einem Schaumlöffel herausheben und in tiefe Teller geben. Die Crème double unter die Suppe rühren, kurz aufkochen lassen und über dem Fisch verteilen. Mit Schnittlauch bestreut servieren.

Schuhbecks Tip:

Verwendet man Safran*fäden*, muß man diese vorher in wenig heißem Wasser auflösen.

Fig. 387. Weiße Erfurter Kohlrabi.

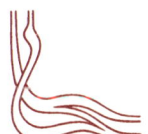

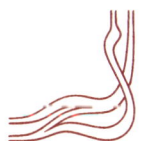

Kalbsvögerl mit Kartoffel-Wirsing-Püree

Zutaten:

2 dünne Scheiben Kalbsschnitzel, je ca. 150 g
Salz, frisch gemahlener Pfeffer
1 TL scharfer Senf
50 g Ziegenfrischkäse
1 EL Sahne
1 EL geröstete Sonnenblumenkerne
1 EL Rosinen
1/2 TL fein gehackte, frische Thymianblätter
2 EL Öl
1 Schalotte
1 TL Tomatenmark
1/8 l Kalbsfond aus dem Glas
20 g eiskalte Butter

Für das Kartoffel-Wirsing-Püree:
250 g mehligkochende Kartoffeln
Salz
3 – 4 Wirsingblätter
4 – 5 EL Milch
30 g Butter
frisch gemahlener weißer Pfeffer
frisch geriebene Muskatnuß

Zubereitung:

Die Kalbschnitzel auf einem Küchenbrett ausbreiten und mit der flachen Seiten eines Fleischklopfers flachklopfen. Mit Salz und Pfeffer würzen und auf einer Seite dünn mit Senf bestreichen.

Ziegenkäse mit Sahne verrühren. Sonnenblumenkerne, Rosinen und Thymian dazugeben. Gründlich vermischen und die Paste auf die beiden Fleischscheiben streichen. Das Schnitzel von der Schmalseite her aufrollen und die Enden mit einer Rouladennadel oder einem Holzspießchen zustecken.

Das Öl in einem Schmortopf erhitzen und die Kalbsvögerl darin von allen Seiten bei starker Hitze anbraten. *Wenden Sie die Vögerl am besten mit zwei Kochlöffeln oder Backschaufeln, auf keinen Fall mit der Fleischgabel hineinstechen.* Die geschälte, in kleine Würfel geschnittene Schalotte sowie das Tomatenmark dazugeben und kurz mit anschwitzen. Mit Kalbsfond aufgießen und zugedeckt 15 – 20 Minuten schmoren lassen.

Die Kartoffeln waschen, schälen und in wenig Salzwasser 20 Minuten garen. Das Kochwasser abgießen, jedoch auffangen. Von den Wirsingblättern die harte Mittelrippe entfernen und die Blätter in feine Streifen schneiden. Im Kartoffelkochwasser 5 – 6 Minuten kochen. Die Kartoffeln mit einem Kartoffelstampfer zerdrücken. Milch und Butter erhitzen und unter die Kartoffeln rühren. Mit Salz, Pfeffer und Muskat würzen und zum Schluß die gut abgetropften Wirsingstreifen untermischen. *Falls das Püree zu fest ist, noch etwas vom Gemüsekochwasser unterrühren.*

Die geschmorten Kalbsvögerl herausnehmen, in Alufolie wickeln. Den Bratensatz durch ein Sieb passieren und die kalte Butter mit einem Schneebesen in kleinen Flöckchen unter die Sauce schlagen.

Von den Kalbsröllchen die Rouladennadeln oder Holzspießchen entfernen. Die Vögerl auf zwei Teller verteilen, mit der Sauce begießen und mit Kartoffel-Wirsing-Püree anrichten.

Schuhbecks Tip:

Wenn Sie rechtzeitig dran denken, weichen Sie die Rosinen eine Stunde vorher in Sherry ein.

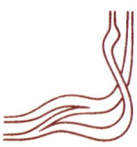

Apfelkücherl mit Vanilleeis

(Für etwa 8 – 10 Apfelkücherl)

Zutaten:

2 Eigelb
1/8 l helles Bier
100 g Mehl
1 Prise Salz
ausgekratztes Mark eine halbe Vanilleschote
2 TL Zucker
2 Eiweiß
2 EL flüssige Butter
2 große aromatische Äpfel, z. B. Boskop
Butterschmalz zum Ausbacken
Zucker und gemahlener Zimt
2 große Kugeln Vanilleeis

Zubereitung:

Eigelb und Bier verquirlen und Mehl, Salz, Vanillemark und 1 TL Zucker unter Rühren dazugeben. Die Eiweiß zu steifem Schnee schlagen und dabei den Zucker einrieseln lassen. Den Eischnee mit der flüssigen Butter vorsichtig unter den Teig mischen.

Das Ausbackfett auf 180° C erhitzen. *Am einfachsten geht das Ausbacken natürlich in einer elektrischen Friteuse, bei der man die Temperatur exakt einstellen kann. Eine tiefe Pfanne mit reichlich Ausbackfett eignet sich aber auch. Prüfen Sie die Temperatur auf altbewährte Weise – mit dem Kochlöffelstiel. Bilden sich um den Stiel kleine Blasen, dann ab mit den Apfelscheiben ins Fettbad.*

Die Äpfel schälen und das Kerngehäuse mit einem Ausstecher entfernen. Die Äpfel in etwa 1 cm dicke Scheiben schneiden. Erst in Mehl wenden, dann in den Teig tauchen und im heißen Fett goldbraun backen.

Mit einem Schaumlöffel herausheben, auf Küchenpapier abfetten lassen und noch heiß in Zimtzucker wenden. Mit je einer Kugel Vanilleeis servieren.

Schuhbecks Tip:

Intensivieren Sie fertig gekauftes Vanilleeis zusätzlich mit frischem Vanillemark. Das schmeckt und macht Lust.

Fig. 309. Mehl, zum Backen aufgeschüttet.

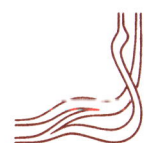

Süßsauer marinierter Lachs auf Wurzeljulienne

Mit Edelpilzkäse gratiniertes Schweinefilet mit geschmortem Chicorée

Glühweinguglhupf

»Sauer macht lustig« – heißt es im Volksmund. Ob es stimmt, merken Sie frühestens nach dem Genuß dieser süß-säuerlichen Vorspeise. Eines steht fest, was sich aus einer heiteren, gelösten Stimmung entwickelt, endet meist auch mit viel Spaß. Und den wollen Sie doch.

Die Harmonie der beigefügten Kräuter stimuliert auf angenehme Weise. Ganz speziell bekannt für ihre erotisierende Wirkung sind Wacholderbeeren. Eingeweicht in Wasser als »Trank für die Manneskraft« sollen die blauschwarzen Beeren wahre Wunder vollbracht haben. Wenn ich mir das genau überlege – vielleicht ist diese Anregung doch mal einen Versuch wert, allerdings mit Gin – der gebrannten Wacholderbeere.

Dank des leichtbekömmlichen, säuerlichen Fisches, belegt mit lustfördernden Wurzelgemüsen, sind Sie jetzt hoffentlich nicht nur fröhlich, sondern allmählich auch richtig liebeslustig.

Nun kommt nämlich ein wahres Meisterwerk kulinarischer Verführung. Versteckt unter der zartschmelzenden, pikant-würzigen Käsescheibe räkeln sich einige Birnenspalten, bevor Sie endlich das rosa gebratene, saftige Fleisch entdecken. Regt eine solche Entdeckungstour nicht die Phantasie an?

Rotwein, z. B. ein Rioja, ist eine gelunge Begleitung. Wenn Sie jedoch das Besondere lieben, kredenzen Sie Ihrem Herzblatt ein kleines Gläschen edelsüßen Wein, z. B. einen Sauternes. Sie können diesen köstlichen, goldgelben, honigsüßen Liebestrank auch zum verlockend-duftenden Glühweinguglhupf weitertrinken – aber aufgepaßt – gießen sie nicht zu viel nach – sonst kippt die wundersame Wirkung ins Gegenteil um.

Süßsauer marinierter Lachs auf Wurzeljulienne

Zutaten:

Für die Marinade:
1 Zwiebel
10 g Butter
1 EL Zucker
3 EL Rotweinessig
1/2 l Gemüsebrühe aus dem Glas
1/2 Lorbeerblatt
2 Wacholderbeeren
1 Nelke

300 g roher Lachs
1 kleine Möhre
1 kleines Stück Knollensellerie
1 dünne Lauchstange
1 EL Öl
1/8 l Sahne
einige Spritzer feinwürziger Rotweinessig
Salz, frisch gemahlener Pfeffer
1 EL frisch gehackte Petersilie

Zubereitung:

Die Zwiebel schälen, halbieren, quer in Streifen schneiden und in der Butter glasig dünsten. Mit Zucker bestreuen und mit Essig und Brühe ablöschen. *Seien Sie beim Essigkauf wählerisch, es gibt enorme Geschmacksunterschiede, die sich dann beim Kochen absolut bemerkbar machen.* Die Gewürze dazugeben, 10 Minuten bei schwacher Hitze köcheln lassen, dann kalt stellen.

Das Lachsfilet in zwei Portionen teilen, in eine Form legen und mit der Marinade begießen. Mindestens eine Stunde durchziehen lassen.

Möhre und Sellerie schälen, den Lauch halbieren, gründlich waschen und alles in feine Julienne schneiden. *So bezeichnet der Profi zündholzlange und -dicke Stäbchen. Mit einem großen, scharfen Messer geht das ganz einfach, auch für Laien.* Das Gemüse im Öl andünsten.

Die Fischportionen aus der Marinade heben und die Flüssigkeit durch ein Sieb gießen. Die Hälfte der Marinade zum Kochen bringen und das Gemüse darin in wenigen Minuten bißbest kochen. Die andere Hälfte in eine Sauteuse geben und um die Hälfte einkochen lassen. *Eine Sauteuse ist ein besonderer Topf, mit einem dicken Boden mit einem nach oben weiter werdenen Rand. Sie eignet sich besonders gut zum Einkochen von Saucen.* Die Sahne in den reduzierten Sud geben. Mit Salz, Pfeffer und Essig abschmecken und erneut kochen lassen, bis die Sauce eine sämige Konsistenz hat. Nun den Fisch hineinlegen und bei schwacher Hitze in 5 – 6 Minuten garen.

Die Lachsstücke aus dem Sud heben und auf zwei Tellern anrichten. Die abgetropften Gemüsejulienne darauf verteilen und mit der Sauce übergießen. Mit frisch gehackter Petersilie bestreuen.

Schuhbecks Tip:

Im Winter serviere ich das Gericht heiß – im Sommer schmeckt es auch abgekühlt köstlich. Anstelle von Lachs kann man auch Lachsforelle nehmen.

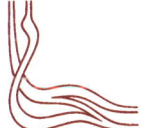

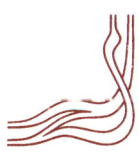

Mit Edelpilzkäse gratiniertes Schweinefilet, geschmorter Chicorée

Zutaten:

300 g Schweinefilet
Salz, frisch gemahlener Pfeffer
1 aromatische Birne
1/8 l Weißwein
40 g Zucker
1 Nelke
1 kleines Stückchen Zimtstange
2 EL Öl
6 – 8 weiße Pfefferkörner
4 EL Fleischbrühe
5 EL Sahne
150 g Bavaria blu
(mit Edelpilzkäse durchzogener Camembert)

Für das Chicoréegemüse:
2 Chicorée
1 EL Öl
Salz, frisch gemahlener weißer Pfeffer
4 dünne Scheiben
durchwachsener Räucherspeck
4 EL Kalbsfond aus dem Glas

Zubereitung:

Das Schweinefilet in 6 dicke Scheiben schneiden, leicht mit der flachen Seite eines Fleischklopfers platt drücken und mit Salz und Pfeffer würzen. *Wer keinen Fleischklopfer besitzt, nimmt statt dessen ein großes Küchenmesser und drückt das Fleisch mit der Breitseite platt.*

Birnen schälen, halbieren und entkernen. Weißwein, Zucker, Nelke und Zimtstange zum Kochen bringen. Die Birnenhälften hineingeben und einmal aufkochen lassen, dann den Topf von der Kochplatte nehmen und die Birnen im Sud erkalten lassen, zwischendurch die Früchte einmal wenden. Den Backofen auf 180°C vorheizen.

Für das Chicoréegemüse die Kolben waschen, der Länge nach halbieren und den bitteren Keil herauslösen. Das Öl in einer Pfanne erhitzen und die Gemüsehälften darin von allen Seiten kurz anbraten. Vorsichtig mit Salz und Pfeffer würzen und jede Hälfte mit einer Räucherspeckscheibe belegen. Den Bratensatz mit Kalbsfond ablöschen und das Gemüse im heißen Backofen ca. 15 Minuten fertig garen.

Die gewürzten Fleischscheiben in heißem Öl von beiden Seiten ca. 2 Minuten anbraten. Dann herausnehmen und auf ein Gitter setzen. Die weißen Pfefferkörner grob zerdrücken und im Bratensatz anrösten. Mit Brühe und Sahne ablöschen und kurz durchkochen lassen.

Die Birnenhälften quer in Scheiben schneiden, auf den Schweinemedaillons anrichten und mit je einer dicken Scheibe Bavaria blu belegen. Im heißen Backofen wenige Minuten überbacken.
Die Pfeffersauce durch ein Sieb gießen, noch einmal durchkochen lassen und abschmecken.

Die gratinierten Medaillons mit jeweils zwei Chicoréehälften anrichten und mit Pfefferrahmsauce begießen.

Schuhbecks Tip:

Chicorée ist eigentlich ein fade schmeckendes Gemüse. Brät man es jedoch an, bekommt es einen angenehm-zarten Geschmack. Zu allen sehr pikanten Gerichten ist Chicorée eine ideale Begleitung.

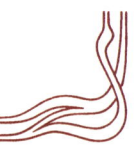

Glühweinguglhupf

(für 4 Portionen)

Zutaten:

5 EL Rotwein
1 Stückchen Zimtstange
etwas unbehandelte Orangen- und Zitronenschale
100 g Zucker
125 g Butter
2 Eigelb
50 g Zartbitterschokolade
1 Msp gemahlener Zimt
2 Eiweiß
1/2 TL Backpulver
110 g Mehl
Butter für die Förmchen
Puderzucker zum Bestäuben

Zubereitung:

Einen Glühwein aus Rotwein, Zimtstange, Zitronen- und Orangenschale sowie 20 g Zucker erhitzen, aber nicht aufkochen lassen. Kalt stellen. *Es muß nicht gerade ein alter Bordeaux sein, den Sie dafür verwenden, aber ein guter Qualitätswein mit kräftigem Aroma soll es schon sein.*

Die weiche Butter mit den Eigelb cremig rühren. Nach und nach 60 g Zucker einrieseln lassen und die feingeriebene Schokolade, Zimt und den abgekühlten durchgesiebten Rotwein hinzufügen. Eiweiß zu steifem Schnee schlagen und dabei den restlichen Zucker einrieseln lassen. Der Schnee muß schnittfest sein und glänzen. Den Eischnee auf die Schaummasse häufen, das mit Backpulver vermischte Mehl darübersieben und alles vorsichtig und locker unterheben.

Eine Guglhupfform ausfetten und etwa zu zwei Drittel mit dem Teig füllen. Im heißen Backofen in 25 bis 30 Minuten goldbraun backen.

Die Kuchen etwa 5 Minuten in der Form abkühlen lassen, dann stürzen und in Stücke geschnitten mit Schlagsahne servieren.

Schuhbecks Tip:

Parfümieren Sie die geschlagene Sahne – nach Lust und Laune – mit Kirschwasser, Aprikosengeist, Orangenlikör, Kaffeelikör...

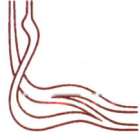

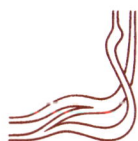

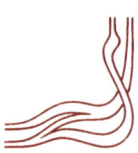

Wirsingsalat mit gebratenen Austernpilzen und marinierten Rinderfiletscheiben

Seehecht auf Dampf mit Fenchel und Kapern

Karamelisierter Preiselbeerschmarrn mit Walnüssen

Rohes Fleisch genußvoll zu verschlingen erregt ungemein – selbst Vegetarier – dann aber auf eine andere Weise. Bevor Sie also den »lustvollen Fleischversuch« machen – erkundigen Sie sich nach den Verzehrgewohnheiten Ihres Gastes. Nicht daß das kulinarische Vorspiel in einer endlosen Diskussion endet, anstatt in wollüstiger Zweisamkeit. Kleine Anmerkung – der Salat schmeckt notfalls auch ohne Fleisch.
Fisch ist in zweifacher Hinsicht ein Traumgericht für Liebende – zum einen belastet das zarte, eiweißreiche Fischfleisch den Organismus kaum, ganz im Gegenteil, die zahleichen Mineralstoffe stärken und stimulieren – zum anderen sind Fischgerichte meist schnell zubereitet. Schließlich will man ja nicht völlig erschöpft die Liebesnacht beginnen lassen.
Damit die wichtigen Inhaltsstoffe nicht in die Luft wandern, sondern Ihre Energie fördern – den Fisch unbedingt sanft, schonend und möglichst kurz garen. Der kalorienarme Fenchel mit seinem irrsinnigen Carotingehalt zusammen mit den pfiffigen, kleinen, appetitmachenden Kapern garantieren Ihnen an diesen Abend einen bahnbrechenden Erfolg. Sollte wider Erwarten es doch nicht so laufen, wie Sie es erwartet haben – dann locken Sie ihn oder sie in die Küche und bereiten gemeinsam das Dessert zu. Je kleiner Ihre Küche, umso besser – denn beim gemeinsamen Hantieren, Brutzeln und einem kleinen Schlückchen zwischendurch (ich würde Champagner vorschlagen) kommt man sich unweigerlich näher…

Wirsingsalat mit gebratenen Austernpilzen und marinierten Rinderfiletscheiben

Zutaten:
120 g Rinderfilet
1/2 kleiner Wirsingkopf, ca. 250 g
125 g möglichst kleine Austernpilze
1/2 Bund glatte Petersilie
Salz
2 EL Öl
20 g Butter
1 TL Balsamessig
1 EL Rotweinessig
2 EL kaltgepreßtes Olivenöl
frisch gemahlener Pfeffer
Saft einer halben Zitrone

Zubereitung:
Das Rinderfilet in Folie verpacken und kurz in das Gefriergerät legen. Wirsing und Pilze putzen und die Petersilie feinhacken. Den Wirsing in feine Streifen schneiden und in kochendem Salzwasser kurz blanchieren. Herausheben, in eisgekühltem Wasser abschrecken und auf einem Küchentuch gut abtrocken lassen. *Nehmen Sie immer kleinere Austernpilze, die haben mehr Aroma und werden auch beim Braten nicht zäh, wie es bei großen Pilzen schon mal vorkommen kann.*

1 EL Öl und die Butter in einer Pfanne erhitzen und die in Stücke zerpflückten Pilze darin anbraten. Die vorgegarten Wirsingstreifen dazugeben und mit anschwitzen. Mit der Hälfte der Petersilie bestreuen und mit den Essigsorten, Salz, Pfeffer, dem restlichen Öl und 1 EL Olivenöl marinieren. Die Mischung in eine Schüssel geben und leicht abkühlen lassen.

Das Rindfleisch in hauchdünne Scheiben schneiden. Auf einem Teller Salz, Pfeffer, Zitronensaft und das übrige Olivenöl verrühren, bis sich das Salz gelöst hat. Den Salat auf zwei Tellern verteilen, die Fleischscheiben in der Zitronenmarinade wenden und auf dem Salat anrichten. Mit der restlichen Petersilie bestreuen.

Schuhbecks Tip:
Dieser Salat darf auf keinen Fall kalt serviert werden, er verliert sonst ein wenig an Raffinesse. Streuen Sie, anstelle des rohen Fleisches, einmal kross gebratene Speckwürfel über den Salat.

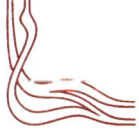

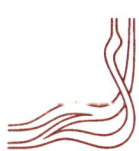

Seehecht auf Dampf mit Fenchel und Kapern

Zutaten:
300 g küchenfertiges Seehechtfilet,
ersatzweise Rotbrasse oder Kabeljau
Salz, frisch gemahlener Pfeffer
1 Fenchelknolle
1 EL Öl
3 EL trockener kräftiger Weißwein
(den Sie auch dazu trinken sollten)
etwas Fischfond aus dem Glas
25 g eingelegte, möglichst kleine Kapern
20 g Butter

Zubereitung:
Das Fischfilet in zwei gleich große Stücke teilen, waschen, trockentupfen und mit Salz und Pfeffer würzen.

Fenchel putzen, waschen und halbieren. Die Hälften in feine Streifen schneiden. Das Fenchelgrün fein hacken. Das Öl erhitzen und die Gemüsestreifen darin anschwitzen. Mit Salz und Pfeffer würzen und mit Wein und Fischfond ablöschen. Zugedeckt wenige Minuten garen, dann den Seehecht auf das Gemüse legen und zugedeckt ca. 5 Minuten dämpfen.

Den Fisch herausnehmen und auf zwei vorgewärmten Tellern anrichten. Kapern und gehacktes Fenchelkraut unter das Gemüse mischen, mit Butter verfeinern und zum Fisch reichen. Salzkartoffeln passen dazu am besten.

Schuhbecks Tip:
Fischfleisch vom Mittelstück des bis zu 10 kg schwer werdenden Seehechts schmeckt am feinsten.

Fenchel.

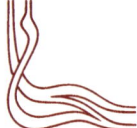

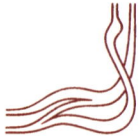

Karamelisierter Preiselbeerschmarrn mit Walnüssen

Zutaten:
80 g Mehl
1 Prise Salz
1 Ei
1 Eigelb
5 – 6 EL Milch
1 TL flüssige Butter
Butterschmalz zum Braten
ca. 100 g Preiselbeerkompott
1 EL grob gehackte Walnüsse
ca. 1 EL Puderzucker

Zubereitung:
Mehl, Salz, Ei, Eigelb, Milch und flüssige Butter zu einem glatten Pfannkuchenteig verquirlen und etwa 20 Minuten ruhen lassen. *Den Teig können Sie gut vorbereiten und nach dem Hauptgericht – eventuell gemeinsam – backen.*

Den Backofen auf 180° C vorheizen. Das Butterschmalz in einer großen Pfanne erhitzen, den Teig hineingießen und gleichmäßig darin verteilen. Bei mittlerer Hitze braten, bis der Boden fest geworden ist, dann die abgetropften Preiselbeeren darauf verteilen und die Pfanne einige Minuten in den heißen Backofen stellen. Der Teig soll fest und die Oberfläche goldgelb werden.

Zurück auf die Kochplatte stellen und mit zwei Gabeln in Stücke zerreißen. Die Walnüsse darüberstreuen, mit Puderzucker bestäuben und unter Wenden karamelisieren lassen. Genußvoll – eventuell sogar in der Küche – mit Champagner genießen.

Schuhbecks Tip:
Pfannkuchenteig sollte Sie immer etwas Zeit zum Quellen gönnen, nur so kann die Stärke sich spalten und der Pfannkuchen besonders locker werden.

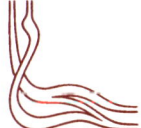

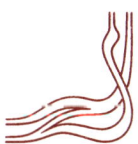

Selleriegangerl mit Kalbszunge

Hirschmedaillons mit Kastanienpüree und Wirsinglaiberl

Apfel-Birnen-Strudel mit Pralinensauce

Eindeutiger kann man – zumindest auf kulinarische Weise – seine Absichten nicht zeigen, als mit einem Selleriegangerl. Nur Mut – der direkte Weg ist meiner Meinung nach immer der beste. Die verlockende Kalbszunge, als Belag auf dem liebeslustfördernden Supperl ist wahrlich eine anregende Unterstützung Ihres Vorhabens.
Glaubt man dem aphrodisischen Mythos aus der Renaissance – dann macht Wild richtig wild. Wer damals auf der Pirsch erfolgreich war, dem traute man auch erfolgreiche Liebesnächte zu. Einer anderen Geschichte nach sollte der vom Jagdpech Verfolgte durch den Genuß eines wohlschmeckenden Wildbrets den gerechten Ausgleich im Liebesdingen erhalten.
Ein praktischer Tip aus der Neuzeit – magere Hirschmedaillons soll man zwar durchbraten – sie müssen aber innen dennoch richtig saftig sein, sonst bezweifle ich den erotisierenden Erfolg.
Damit die »heiße« Stimmung nicht stressig wird, ordentlich vom nervenstärkenden Kastanienpüree essen. Die vielen Mineralstoffe und die reichlich enthaltenen B-Vitamine besänftigen übererregte Gemüter. Zur Abrundung dieser Liebennahrung muß natürlich Rotwein in die Gläser – ein alter Bordeaux vielleicht? Vergessen Sie aber bitte nicht – es gibt noch ein Dessert, das sich *auch* noch lohnt zu vernaschen…

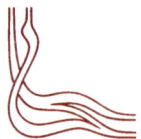

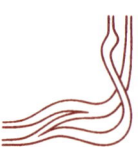

Selleriegangerl mit Kalbszunge

Zutaten:
250 g Knollensellerie
40 g Butter
1/4 l Kalbsfond aus dem Glas
4 EL Milch
6 EL Sahne
Salz, frisch gemahlener Pfeffer
frisch geriebene Muskatnuß
50 g gekochte Kalbszunge,
ersatzweise gepökelte Rinderzunge
1 TL frisch gehackte Petersilie

Zubereitung:
Sellerieknolle waschen, schälen und kleinschneiden. Butter in einem Topf zerlassen und das Gemüse darin andünsten. Mit Kalbsfond, Milch und Sahne aufgießen und mit Salz, Pfeffer und Muskat würzen. Zugedeckt 20 Minuten köcheln lassen.

Die Suppe entweder mit einem Pürierstab oder im Mixer fein pürieren. Erneut abschmecken, und falls die Suppe zu dicklich ist, mit etwas Kalbsfond oder Milch verdünnen. Vor dem Servieren mit dem Pürierstab schaumig aufmixen.

Die Suppe auf zwei tiefe Teller verteilen, mit der in dünne Scheiben geschnittenen Kalbszunge belegen und mit Petersilie bestreuen.

Schuhbecks Tip:
Selbst in einen noch so kleinen Haushalt ist die Anschaffung eines Pürierstabes sinnvoll. Es erleichtert die Arbeit ungemein und so manche Suppe oder Sauce wird nur dadurch so raffiniert, daß sie zum Schluß noch einmal schaumig aufgemixt wurde.

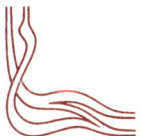

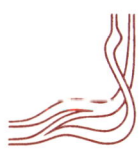

Hirschmedaillons mit Kastanienpüree und Wirsinglaiberl

Zutaten:

4 Hirschkalbmedaillons, ca. 3 cm dick
Salz, frisch gemahlener Pfeffer
etwas Ingwer (am besten frisch gerieben)
1 EL Öl
20 g Butter
1 kleine Zwiebel
1 kleine Möhre
1/4 l Wildfond aus dem Glas
2 EL Crème double
1 Prise Zucker

Für das Kastanienpüree:
1 TL Salz
1 TL Zucker
200 g frische Edelkastanien (Maronen)
1/8 l Sahne
2 EL geschlagene Sahne
einige Tropfen Kirschwasser

Für die Wirsinglaiberl:
2 schöne große Wirsingblätter
1/4 von einem kleinen Wirsingkopf
1 Schalotte
100 g frische Steinpilze
10 g Butter
Salz, frisch gemahlener Pfeffer
etwas Cayennepfeffer
1 EL frisch gehackte Petersilie

Zubereitung:

Die Hirschkalbmedaillons mit Salz, Pfeffer und Ingwer gut einreiben und kaltstellen. Zwiebel und Möhre schälen und in kleine Würfel schneiden.

Für das Kastanienpüree 1 Liter Wasser mit Salz und Zucker aufkochen, die Maronen hineingeben, weichkochen. Die Schale der Maronen nicht vorher einritzen, damit nichts vom Aroma verlorengeht.

Das Kochwasser abgießen, die Maronen halbieren und das Fruchtfleisch mit einem Kaffeelöffel herauslösen. Mit Sahne vermischen, mit einem Pürierstab oder im Mixer fein pürieren und durch ein feines Sieb passieren. In einer Sauteuse erhitzen und vor dem Servieren die steif geschlagene Sahne unterheben. Mit Kirschwasser parfümieren.

Für die Wirsinglaiberl die Wirsingblätter in kochendem Salzwasser kurz blanchieren und in eisgekühltem Wasser abschrecken. Auf einem Tuch abtropfen lassen. Den Backofen auf 160° C vorheizen. Das Wirsingviertel in feine Streifen, die geschälte Schalotte in kleine Würfel und die geputzten Pilze in Scheiben schneiden. Ersatzweise können Sie natürlich auch jeden anderen Waldpilz verwenden, er muß nur aromatisch sein.

Butter in einer Pfanne erhitzen und die Schalotten darin glasig dünsten. Dann die Pilze und die Wirsingstreifen dazugeben, mit Salz, Pfeffer und Cayennepfeffer würzen, Petersilie dazugeben und mit anschwitzen. Eine Schöpfkelle mit einem Wirsingblatt auskleiden, die Hälfte der Pilzmischung hineingeben und die oberen Blattkanten darüberschlagen. Das so entstandene Laiberl in eine gefette Form setzen. Das zweite auf die gleiche Weise formen und im Backofen in 15 – 20 Minuten fertiggaren.

Öl und Butter in einer Pfanne erhitzen und die Hirschmedaillons bei mittlerer Hitze auf jeder Seite etwa 2 Minuten anbraten, dann bei reduzierter Hitze noch 2 – 3 Minuten fertigbraten. Herausnehmen und mit Alufolie umhüllt ruhen lassen. Möhren- und Zwiebelwürfel in Bratensatz anschwitzen, mit

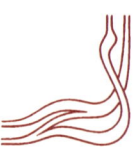

Wildfond aufgießen und etwa um die Hälfte einkochen lassen. Die Sauce mit einem Pürierstab pürieren, durch ein Sieb streichen und die Crème double unterrühren. Erneut kurz durchkochen lassen und mit Zucker und falls nötig mit Salz und Pfeffer nachwürzen. Die Medaillons auf zwei Tellern anrichten, den entstandenen Fleischsaft unter die Sauce rühren. Mit dem Kastanienpüree und je einem Wirsinglaiberl servieren und die Sauce getrennt dazu reichen.

Schuhbecks Tip:

Hirschfleisch ist besonders aromatisch, aber lassen Sie sich keinen alten Hirsch andrehen – die können schon mal ein wenig zäh sein.

Apfel-Birnen-Strudel mit Pralinensauce

(für 6 Portionen)

Zutaten:

Für die Füllung:
3 aromatische Äpfel,
z. B. Cox Orange oder Boskop
3 reife Birnen, z. B. Williams Christ
2 EL Mandelstifte
3 EL gemahlene Haselnüsse
2 EL Sultaninen
2 EL Zucker
Saft von 1 Zitrone
4 EL Rum
1/8 l Sauerrahm
4 EL Sahne

Außerdem:
1 Packung fertiger Strudelteig
3 EL flüssige Butter
Puderzucker zum Bestäuben

Für die Pralinensauce:
(für 2 Portionen)
4 EL Milch
4 EL Sahne
30 g bittere Kuvertüre
10 g dunkler Nougat
20 g heller Nougat
1 EL geschlagene Sahne

Zubereitung:

Äpfel und Birnen schälen, entkernen und in Würfel schneiden. Mandelstifte in einer Pfanne ohne Fett goldbraun rösten. Zusammen mit 2 EL gemahlenen Haselnüssen, Sultaninen und Zucker mit den Fruchtwürfeln vermischen. Mit Zitrone und Rum beträufeln und Sauerrahm und Sahne unterrühren. Die Mischung 30 Minuten stehen lassen.

Den Strudelteig auf einem großen Geschirrtuch zu einem Rechteck ausrollen, dann über den Handrücken hauchdünn ausziehen. Mit 2 EL der zerlassenen Butter bepinseln und mit den restlichen Nüssen bestreuen. Die Füllung gleichmäßig darauf verteilen, dabei rundherum einen schmalen Rand lassen. Den Strudel mit Hilfe des Tuches aufrollen. Auf ein gefettetes Backblech gleiten lassen, Schnittkanten nach unten, und die Oberseite mit der restlichen flüssigen Butter bestreichen. Im heißen Backofen 30 – 35 Minuten backen. Etwas abgekühlt dick mit Puderzucker bestäuben.

Schuhbecks Tip:

Für den, der den Strudelteig selber zubereiten möchte, hier die Zutaten: 250 g Mehl, 1 Prise Salz, 1 Ei, knapp 1/8 l lauwarmes Wasser, 1 EL Öl. Wichtig ist, daß der gut durchgeknetete Teig mindestens 30 Minuten Zeit zum Ruhen hat. Am wohlsten fühlt er sich unter einer angewärmten Schüssel.

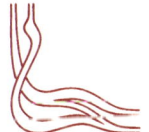

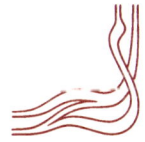

Feldsalat mit Speck- und Apfelwürfeln und Haselnüssen

Aalsteaks auf rotem Zwiebelkraut

Topfen-Nougatknödel auf Karamelsauce

Die sattgrünen Pflänzchen des Vogerlsalats, wie wir den Feldsalat in Bayern liebevoll nennen, sind allein schon optisch ein Augenschmaus. Er hat es aber auch, gesundheitlich betrachtet, in sich. Feldsalat steht an der Spitze, wenn es um den Eisengehalt aller Salate geht. Eisen ist wichtig für die Blutbildung, bekanntlich macht Eisenmangel schlapp. Für den heutigen Anlaß ein Argument, richtig zuzulangen – aber aufgepaßt – Vogerlsalat ist ein Baldriangewächs. Schlafmützen sollten doch besser zurückhaltender sein und lieber noch ein paar Haselnüßchen mehr auf ihren Salat streuen – wegen der Power.
Eine hundertprozentige Garantie für einen unvergeßlichen Abend ist Aal, ganz besonders frisch gebraten. Ob nun der hohe Gehalt an Spurenelemten wie Jod, Zinn, Kupfer, Mangan und Nickel, die beachtlichen Mengen an Phosphor und Vitamin A oder der, durch den hohen Fettgehalt bedingte, feine Geschmack dazu geführt haben, daß dem schlangenähnlichen Fisch seit ewiger Zeit unglaubliche aphrodisische Fähigkeiten zugeprochen wurden, oder ob es einfach an dem ungewöhnlichen Lebenslauf des Aals liegt – wer weiß das so genau? Wichtig ist – er stimuliert auf köstliche Weise – und unterstützt von Chilis – *den* Scharfmachern schlechthin – kann eigentlich nichts schiefgehen. Die Azteken stärkten jahrtausendelang ihre Liebeskraft mit den kleinen Scharfen – bis Kolumbus sie entdeckte und dieses würzige »Potenzmittel« zur Freude aller Liebeshungrigen nach Europa brachte. Nicht nur geschmacklich paßt das gesunde Zwiebelgemüse zum knusprig gebratenen Aal vorzüglich – Deutschlands Gemüse Nr. 1 soll auch amouröse Gelüste wecken.
Lassen Sie sich, mit diesem Gericht und einer gute Flasche Weißwein, leiser Musik und sanftem Kerzenlicht stimuliert, in ungeahnte Gefilde der Lust entführen.
Die Topfenknödel kann man notfalls einfrieren.

Fig. 502. Haselnuß.

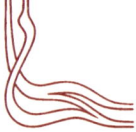

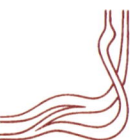

Feldsalat mit Speck- und Apfelwürfeln und Haselnüssen

Zutaten:
80 g Feldsalat
1 mittelgroßer aromatischer Apfel, z. B. Cox Orange
2 dünne Scheiben durchwachsener Räucherspeck
20 ganze Haselnüsse
10 g Butter
1 Schalotte
1 EL Rotweinessig
1 TL Balsamessig
Salz, frisch gemahlener Pfeffer
2 EL Öl
1 TL Nußöl

Zubereitung:
Feldsalat gründlich putzen und mehrmals waschen, damit alle Sandteilchen aus den kleinen Pflänzchen herausgespült werden.

Den Apfel schälen, halbieren, entkernen und wie den Räucherspeck in kleine Würfel schneiden. Die Haselnüsse im 200° C heißen Backofen so lange rösten, bis sich die braunen Häutchen abrubbeln lassen. Anschließend die Nüsse grob hacken.

Die Butter in einer Pfanne erhitzen und erst die Speckwürfel darin knusprig braten. Herausnehmen und in dem Bratfett die Apfelstücke, mit Zucker bestreut, goldgelb braten.

Die Schalotte schälen und in kleine Würfel schneiden. Die Essigsorten, Salz, Pfeffer und die Ölsorten zu einer Vinaigrette verrühren und die kleingeschnittene Schalotte dazugeben.

Den Feldsalat damit anmachen, auf zwei Teller verteilen und mit den Apfel- und Speckwürfeln sowie den Haselnüssen bestreuen.

Schuhbecks Tip:
Eine richtige kleine Mahlzeit wird aus dem winterlichen Salat, wenn man frisch gebratene Enten- oder Gänseleber darauf anrichtet.

Aalsteaks auf rotem Zwiebelkraut

Zutaten:
4 Aalfilets, je 100 g
Salz, frisch gemahlener Pfeffer
4 hauchdünne schmale Streifen grüner Speck
1 EL Öl
2 – 3 kleine Chilischoten
5 EL Fischfond aus dem Glas
Für das Zwiebelkraut:
250 g rote Zwiebeln
je 1 Koriandersamen,
Gewürznelke, Wacholderbeere
1/2 Lorbeerblatt
1 Thymianzweig
2 EL Öl
1/8 l Rotwein
Salz, frisch gemahlener Pfeffer
Saft einer halben Zitrone

Zubereitung:
Die Aalfilets mit Salz und Pfeffer würzen. Jedes Steak mit einer Speckscheibe umwickeln und den Speck mit einem Küchengarn festbinden. *Klingt schwieriger als es ist – erinnern Sie sich daran, wie Tournedos zurechtgemacht werden?*

Für das Zwiebelkraut die Zwiebeln schälen und auf dem Gurkenhobel oder mit einer Aufschnittmaschine in dünne Scheiben schneiden. Die angegebenen Gewürze in ein kleines Mullsäckchen geben und zusammenbinden. *Das ist die praktischste Lösung, denn sonst müssen Sie mühsam alle Gewürze aus dem fertigen Kraut rausfischen.* Das Öl in einem Topf erhitzen und die Zwiebeln darin andünsten. Mit Rotwein aufgießen, mit Salz und Pfeffer würzen und das Kräutersäckchen dazugeben. 8 – 10 Minuten dünsten lassen, das Gemüse muß noch Biß haben. Vor dem Servieren mit Zitrone abschmecken.

Das Öl in einer Pfanne erhitzen und die Aal-Steaks von beiden Seiten jeweils 2 – 3 Minuten goldbraun anbraten. Die Steaks auf zwei vorgewärmte Teller legen. Die feingehackten Chilischoten in dem Bratfett kurz anrösten, mit Fischfond ablöschen und etwas einkochen lassen. Die Aal-Steaks damit begießen und mit Zwiebelkraut anrichten. Frisches Weißbrot dazu reichen.

Schuhbecks Tip:
Aale sind sonderbare Wesen, geboren im Meer begeben Sie sich auf die Wanderschaft und durchschwimmen die Flüsse Europas, um zum laichen und sterben wieder zum Meer zurückkehren. Am meisten Geschmack haben Aale, die wieder zurück in Richtung Meer schwimmen. Sicheres Erkennungszeichen der spitzzulaufende Kopf.

Topfen-Nougatknödel auf Karamelsauce

Zutaten:
20 g Butter
1 EL Zucker
etwas abgeriebene Schale
einer unbehandelten Zitrone
1 großes Ei
1 Prise Salz
ausgekratztes Mark einer halben Vanilleschote
250 g Topfen (Magerquark)
50 g geriebene Zwieback- oder Biskuitbrösel
20 g dunkles Nougat
40 g Semmelbrösel
1 TL Zucker
etwas gemahlener Zimt

Für die Karamelsauce:
30 g Butter
70 g Zucker
4 EL Milch
1 EL geschlagene Sahne

Zubereitung:
Butter, Zucker und abgeriebene Zitronenschale cremig rühren. Das Ei unterrühren, Salz und Vanillemark dazugeben und abwechselnd Topfen und Brösel untermischen. Die Masse1 Stunde kalt stellen.

Ein Drittel von der Topfenmasse abnehmen und das erwärmte, flüssige Nougat untermischen. Gut durchrühren und 4 kleine Bällchen daraus formen. Kalt stellen.

Für die Karamelsauce Butter und Zucker in einer Kasserolle unter Rühren karamelisieren lassen. Mit Milch ablöschen, von der Kochplatte nehmen und mit einem Pürierstab aufmixen. Kalt stellen und vor dem Servieren die Sahne unterziehen.

Aus der weißen Topfenmasse kleine Knödel formen, in der Handfläche etwas breitdrücken und eine Nougatkugel hineinlegen. Mit Teig umhüllen und zu Knödeln formen. In leicht siedendem Wasser 8 – 10 Minuten ziehen lassen. *Aufpassen, das Wasser darf auf keinen Fall kochen, sonst war die Mühe umsonst.*

Semmelbrösel und Zucker in einer Pfanne goldgelb rösten. Die Knödel herausheben, in den gerösteten Bröseln wenden und mit der gut gekühlten Karamelsauce servieren.

Schuhbecks Tip:
Zugegeben – für zwei Personen ist die Arbeit für das Dessert schon ein wenig aufwendig, aber wenn Sie ein Schleckermäulchen zu Gast haben, lohnt sich die Mühe. Sie können aber auch gleich das doppelte Rezept machen und die andere Hälfte roh einfrieren.

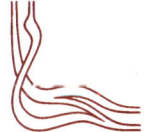

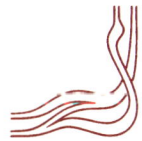

Kartoffelsuppe mit Krebsen

Geräucherte Entenbrüste mit Rosenkohlblättern und Kartoffel-Möhren-Püree

Eingelegte Dörrpflaumen mit Walnußeis und Stollen

In seinem 1869 erschienen Buch »Schule der Heiratskanditaten« schrieb Bogumil Goltz: »Von seiner zukünftigen Frau erwartet der Mann die Fähigkeit wohlschmeckender Ernährung«, wies aber gleichzeitig darauf hin: »Gute Hauswirtschafterinnen sind meist etwas einfallslos in der Liebe« und er gibt zuguterletzt den Rat:
»Lieber eine schlechte Suppe, als die Ehe mit einer prädestinierten Köchin und Waschfrau zu verbringen.« Ich finde, da ist viel Wahres dran. Wenn Ihnen also das eine oder andere Mahl nicht ganz so perfekt gelingt – mit viel Charme eine gute Flasche Wein oder noch besser Champagner öffnen, und Sie werden sehen – Essen ist wirklich nur die zweitschönste Sache der Welt.
Deshalb hier ein Menü, daß auch für Kochneulinge ohne Probleme nachzukochen ist. Zugegeben, das Entblättern der Rosenkohlröschen ist ein wenig zeitaufwendig, aber nicht schwierig. Alle Gerichte können gut vorbereitet werden, damit Sie während des Essens nur noch wenig Zeit in der Küche zubringen müssen. Nachdem die aphrodisischen Wunderkräfte der Krebsschwänze, unterstützt von der prickelnden Stimmung des dazugereichten Champagners, hoffentlich ihre Wirkung zeigen, lassen Sie Ihn, zur Hebung seines Selbstwertgefühls und zur Stimulierung des Lustgefühls, die Entenbrüste tranchieren. Spätestens jetzt werden Sie verstehen, weshalb ich für dieses Liebesmenü einen so unkomplizierten Nachtisch ausgewählt habe …

Fig. 368. Flußkrebs.

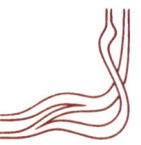

Kartoffelsuppe mit Krebsen

Zutaten:
150 g mehligkochende Kartoffeln
Salz
1 Majoranzweig
1 kleine Knoblauchzehe
frisch gemahlener weißer Pfeffer
frisch geriebene Muskatnuß
1/4 l Fleischbrühe
3 EL Sahne
20 g Butter
1 EL geschlagene Sahne
1 kleine festkochende Kartoffel
6 gekochte Krebsschwänze

Zubereitung:
Kartoffeln waschen, schälen und kleinschneiden. In wenig Wasser mit Salz und Majoranzweig in ca. 20 Minuten garen. Das Kochwasser abgießen und aufbewahren.

Die Kartoffeln mit einem Kartoffelstampfer zerdrücken und mit der feinzerquetschten Knoblauchzehe, Salz, Pfeffer und Muskat würzig abschmecken. Brühe, flüssige Sahne und die Butter hinzufügen und mit einem Schneebesen aufschlagen. Bei Bedarf noch etwas vom Kartoffelkochwasser dazugießen. Die Suppe muß eine sämige Konsistenz haben. Steifgeschlagene Sahne unterziehen und die Suppe mit einem Pürierstab schaumig aufschlagen.

Die festkochende Kartoffel schälen und auf einem Gurkenhobel in feine Scheiben schneiden. In heißem Öl goldbraun und knusprig braten. Ideal ist natürlich eine Friteuse, es geht aber auch in einer kleinen Pfanne, in die Sie reichlich Öl gießen. Ich empfehle Ihnen, das schon rechtzeitig zu tun, damit Sie sich noch frischmachen können und nicht nach Bratfett riechen. Die Chips auf einem Küchenpapier entfetten lassen, leicht salzen.

Die Krebse in wenig Wasser, am besten über Dampf ganz kurz erwärmen und mit den Kartoffelchips auf der Suppe anrichten. Mit feingeschnittenem Schnittlauch bestreuen.

Schuhbecks Tip:

Wenn Ihnen Krebse zu kostspielig sind – belegen Sie die Suppe mit einige ausgelösten Krabben.

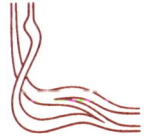

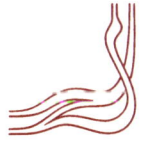

Geräucherte Entenbrüste mit Rosenkohlblättern und Kartoffel-Möhren-Püree

Zutaten:

2 Entenbrüste, je ca. 180 g
Salz, frisch gemahlener Pfeffer
1 EL Öl
etwas Räuchermehl
aus dem Anglerfachgeschäft

Für die Pfeffersauce:
10 weiße Pfefferkörner
1 EL Öl
1 EL Weinbrand
1/8 l Geflügelfond aus dem Glas
3 EL Sahne

Für die Rosenkohlblätter:
500 g Rosenkohl
20 g Butter
4 – 5 EL Sahne
Salz, frisch gemahlener Pfeffer
frisch geriebene Muskatnuß

Für das Kartoffel-Möhren-Püree:
250 g mehligkochende Kartoffeln
Salz
40 g Butter
4 – 5 EL Milch
1 mittelgroße Möhre
1 Prise Zucker
1 EL Mandelblättchen

Zubereitung:

Die Haut der Entenbrüste vorsichtig rautenförmig einschneiden. Mit Salz und Pfeffer würzen. Im heißen Öl von jeder Seite 2 – 3 Minuten anbraten, dann auf ein Gitter mit darunterliegendem Teller geben und abtropfen lassen.

Für die Pfeffersauce die Pfefferkörner entweder im Mörser zerstoßen oder mit der Breitseite eines Messers zerdrücken. In heißem Öl anschwitzen, mit Weinbrand ablöschen und mit Geflügelfond und Sahne aufgießen. 20 Minuten leise köcheln lassen.

Das Räuchermehl in einen Wok oder Topf geben, die Entenbrüste auf einem Gitter darauflegen und bei schwacher Hitze zugedeckt 6 – 8 Minuten heiß räuchern.

Rosenkohl putzen, den Stielansatz großzügig abschneiden und die Blätter einzeln ablösen. *Ich gebe zu, das ist etwas mühsam, aber der köstliche Geschmack des fertigen Gemüses wird sie entschädigen.* Die Blätter in kochendem Salzwasser einmal aufkochen lassen, herausheben und sofort eiskalt abschrecken. Gut abtropfen lassen.

Butter und Sahne leicht sämig einkochen lassen, mit Salz, Pfeffer und Muskat würzen und die Rosenkohlblätter untermischen. Unter vorsichtigem Umrühren mit einem Kochlöffel aufkochen lassen. Dann von der Kochstelle nehmen.

Die geschälten Kartoffeln in Stücke schneiden und in wenig Salzwasser garen. Das Kochwasser abschütten, Kartoffeln abdampfen lassen und mit einem Kartoffelstampfer zermusen. Butter und Milch erhitzen und mit einem Schneebesen unter die Kartoffeln schlagen. Mit Salz würzen. Die geschälte Möhre grob raspeln und in Butter anschwitzen. Mit Salz und Zucker bestreuen und unter Rühren leicht karamelisieren lassen. Die Gemüseraspeln unter das fertige Püree mischen. Man kann die Möhre aber auch vor dem Untermischen fein pürieren. Mandeln in einer Pfanne ohne Fettzugabe goldbraun rösten.

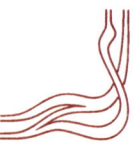

Die Pfeffersauce durch ein Sieb gießen, falls nötig noch etwas einkochen lassen, bis die Sauce leicht sämig ist, dann mit dem Pürierstab aufschäumen.

Die Entenbrüste in schräge dünne Scheiben schneiden und auf zwei Tellern mit den Rosenkohlblättern und den Kartoffel-Möhren-Püree anrichten. Das Püree mit den Mandeln bestreuen und die Sauce getrennt dazu reichen.

Schuhbecks Tip:

Das einzelne Ablösen der Rosenkohlblätter klingt zwar nach Sträflingsarbeit, aber es ist die Mühe wert. Auf diese Weise werden alle Blätter gleichmäßig gar. Kocht man die Röschen im Ganzen, ist das Äußere meist schon matschig, während das Innere immer noch hart und ein wenig bitter ist.

Eingelegte Dörrpflaumen mit Walnußeis und Stollen

Zutaten:

6 getrocknete Pflaumen
1/8 l Rotwein
2 EL Zucker
1 Stückchen Zimtstange
je ein Stück unbehandelte Orangen- und Zitronenschale
2 EL Zwetschgengeist
4 Kugeln Walnußeis
2 dünne Scheiben guter Stollen

Zubereitung:

Die Pflaumen in warmem Wasser waschen. In einen kleinen Topf geben, mit Rotwein begießen und Zucker, Zimt und die Orangen- und Zitronenschale dazugeben. Einmal aufkochen lassen, dann von der Kochstelle nehmen und das Zwetschgenwasser unterrühren. Zugedeckt mindestens 1 Tag an einem kühlen Ort durchziehen lassen.

Jeweils 3 Pflaumen mit etwas Einlegflüssigkeit auf einen Teller geben und mit Walnußeis und je einer Scheibe Stollen anrichten.

Schuhbecks Tip:

Wir machen natürlich in Waging unser Walnußeis selber. Für denjenigen, der keine Eismaschine hat, ist es etwas umständlich, außerdem wird das Eis meist nicht so schön cremig. Greifen Sie deshalb ruhig auf industriell hergestelltes Walnußeis zurück, es gibt mittlerweile hervorragende Qualitäten.

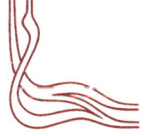

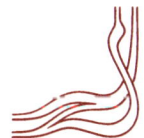

Viele der klassischen Aphrodisiaka sind heute völlig vergessen. Außerdem wäre es auch schwierig, diese Kuriositäten wie Hähnenkämme, Kamelmilch, Hoden von Schaf- und Ziegenböcken oder Stierblut zu bekommen. Seit es Menschen gibt, beschäftigen sie sich mit der Frage, was die Liebeslust fördern und die Manneskraft stärken könnte. Glaubt man der »Grande Encyclopédie«, so stachelte Lauch ebenso wie Pistazien, Spargel, ja sogar die Kartoffel und natürlich fast jedes Kraut, die Liebe an. Heute sieht man das alles gelassener und mit viel Amüsement.
Ich persönlich setzte dann schon lieber auf eine gesunde Ernährung mit ausreichend Eiweiß für die nötige Energie, viele Vitamine für Ausdauer und Durchhaltevermögen und reichlich Mineralstoffe, damit auch alles entspannt abläuft.
Betrachten Sie nachfolgend aufgeführte Aphrodisiaka nach diesen Gesichtspunkten – denn: Nur in einem gesunden Körper können sich sinnliche Gedanken und Gelüste entwickeln.

Gemüse

Artischocke – Bitterstoffe heißt das Zauberwort der Heilkraft dieses Distelgemüses. Ungemein erregend ist auf jeden Fall das Entblättern der Artischocke – gekocht und mit diversen Saucen zum Tunken ein Super-Stimulator.

Fenchel – das ideale Gemüse für die vitaminarme Winterzeit. Wenig Kalorien, viel Carotin und auch reichlich Vitamin C – das bringt Power, gerade an kalten Wintertagen.

Knoblauch – stärkt das Herz – vorherige Absprache mit dem Partner ist anzuraten.

Lauch – so sagt man – macht Mut. Das aromatische Gemüse ist aber vor allem gesund, denn es ist reich an Vitamin B 1, Vitamin C und an den Mineralstoffen Eisen, Magnesium und Phosphor.

Rosenkohl – enthält fast 5% wertvolles Pflanzeneiweiß und viel Vitamin C. Die Röschen sollen keine Schwäche aufkommen lassen. Vorsicht ist geboten bei Gichtkranken – Rosenkohl enthält Purine.

Sellerie – seit alters her die geheime, männliche Wunderwaffe – vielleicht gerade deshalb, weil die Knolle eine entspannende und beruhigende Wirkung hat.

Spargel – wahrscheinlich gründet sich der aphrodisische Ruf mehr auf die Form als auf die Wirkung. Die ist nämlich stark entwässernd, und das kann manchmal ganz schön störend sein.

Tomaten – sie heißen nicht umsonst »Liebesapfel«, denn in die rotfleischige saftige Frucht zu beißen ist ein lustvoller Genuß. Richtig sonnengereift sind die Früchte randvoll mit Vitaminen und ausgesprochen kalorienarm.

Trüffel – wohl eine der sichersten, aber auch teuersten Möglichkeiten, erotische Gedanken zu wecken.

Zwiebel – die reichlich enthaltenen Senföle reizen nicht nur die Tränendrüsen, sondern auch die Leidenschaft.

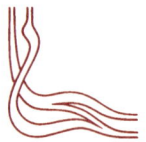

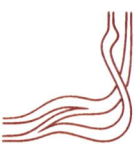

Früchte

Apfel – Der Ursprung aller Verführungen hat ein wenig von seinem Image eingebüßt. Leider steht immer mehr die Optik und weniger der Geschmack im Vordergrund. Außerdem munkelt man, daß nicht unser altbekannter Apfel Schuld an der Vertreibung aus dem Paradies gewesen sein soll, sondern ein Granatapfel. Wie dem auch sei, frisch vom Baum sind rotbackige Äpfel immer noch eine Sünde wert.

Aprikose – die weiblichste aller Früchte soll gerade auch Frauen besonders gut tun. Vielleicht ist das eine Anspielung auf den hohen Carotingehalt, der gut für die Sehkraft ist. Ein geschärfter Blick schadet nicht, bevor man sich auf ein Liebesabenteuer einläßt.

Feige – diese Mittelmeerfrucht hat alleine schon wegen des Aussehens bei keinem aphrodisischen Mahl fehlen dürfen.

Quitte – sie galt in vielen Göttersagen als Symbol von Glück, Liebe und Fruchtbarkeit. Bemerkenswert ist neben vielen Vitaminen der Gehalt an Folsäure, Gerbstoffen und an Pektin.

Weintraube – wann immer rasch Energie gebraucht wird, sind Weintrauben das optimale Dopingmittel. Sie gelten, dank des hohen Gehalts an Traubenzucker, als die Muntermacher. Also – für alle Schlaffis – erst mal Trauben naschen.

Kräuter

Dill – frisch geschnitten auf Suppen und Salat vertreibt das würzige Kraut (fast) jegliche Beklemmung.

Kerbel – das Frühlingsgewürz macht müde Männer munter, sagt man – allerdings nur, wenn es reichlich und ganz frisch gehackt verzehrt wird.

Majoran – das bittersüße Kraut betört durch seinen Duft und soll selbst schüchternste Jünglinge zu erotischem Tun ermuntert haben.

Melisse – das fruchtige Kraut soll fröhlich und locker machen und – wie wir alle seit der Erfindung des Melissengeistes wissen – nervöse Menschen beruhigen.

Minze – heute noch ein wirksames Mittel gegen mangelndes Lustempfinden und sogar gegen Impotenz. Besonders belebend ein Bad – möglichst gemeinsam – in einem Minzeaufguß.

Petersilie – die grüne Vitamin-C-Bombe galt immer schon als magische Pflanze. Wer sie reichlich zu sich nimmt, soll Mut und Kraft erhalten – wenn sie dennoch kein großer Held werden – gut für ihre Gesundheit ist das frische Kraut allemal.

Rosmarin – das Kraut gegen Herzklopfen und zur Belebung der Sinne.

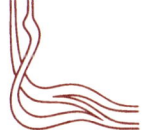

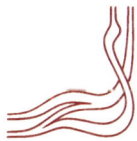

Gewürze

Chili – die Scharfmacher der Azteken werden auch heute bei der jungen Gereration nicht verachtet. Nach dem Motto »Gelobt sei, was scharf macht.«

Ingwer – das exotische Aroma regt die Durchblutung und die Sinne an.

Gewürznelken – galten und gelten als die Appetitmacher auf das gewisse Etwas.

Muskat – ein wahres Wunder an Liebeslust soll frisch geriebene Musaktnuß entfachen, den Geschlechtstrieb soll es stärken und die Leidenschaft beflügeln. Das Aroma ist herrlich. Muskat sollte man öfter darüberreiben, z. B. über Kartoffelpüree, Rosenkohl, feine Gemüsesüppchen…

Wacholder – wie dem Wildbret wurde auch dem dazu passenden Gewürz, der schwarzblauen Beere, eine erotisierende Wirkung zugeschrieben.

Zimt – nichts soll die Sinne – von Mann und Frau gleichermaßen – so erregen wie der verführerische Duft der Zimtrinde.

Was sonst noch helfen soll…

Edelkastanien – auch Maronen genannt, sind ein Wundermittel gegen Streß.

Nüsse – sie sind die reinsten Energiebündel für die Gesundheit und damit natürlich auch für ein intensives Sexualleben. Deshalb, wo immer es paßt, ein paar Walnüsse, Mandeln, Pistazien oder dgl. darüberstreuen, und die Begierde wächst und wächst…

Wild – Während Männer darauf schwörten, daß Hirsch und Wildschwein sie auf lüsterne Gedanken bringt, war man überzeugt, daß wildes Federvieh – wie Rebhuhn und Fasan – Frauen wild macht.

Fische – Bei den Fischen galt der Aal als todsicheres Aphrodisiakum.
Ich bin der Ansicht, daß jeder Fisch, dank des hohen und leichtverdaulichen Eiweißgehalts, der vielen Mineralstoffe und der geringen Kalorienmenge in der heutige Zeit ein ideales Produkt für ein lustbringendes Liebesmahl ist. Eine aphrodisische Erkenntnis des 20. Jahrhunderts – Fisch macht fit – und ohne Fitsein geht nichts.

Meeresfrüchte – Austern oder Hummer, dazu ein Glas Champagner und die Verführung »à la cuisine« ist komplett – es muß nur der Geldbeutel mitspielen. Setzen Sie auf diese altbewährte Verführungsstrategie – es hilft fast immer.